日本橋

いま東京で最も刺激的

おとなの週末 SPECIAL EDITION

講談社

【目次】

Part 1

日本料理

Part 2

江戸グルメ

【目次】

Part 3
居酒屋・焼き鳥

Part 4
話題のスポットグルメ

【目次】

Part 5

洋食系

Part 6

各国料理・B級グルメ

【目次】

コラム

Part 7

周辺エリアの実力店

日本橋マップ

■マップの見方

00内の数字は各店の紹介記事が掲載されている該当ページを、色は以下の7分野のジャンルを表示しています

00 Part1 **日本料理**

00 Part2 **江戸グルメ**

00 Part3 **居酒屋・焼き鳥**

00 Part4 **話題のスポットグルメ**

00 Part5 **洋食系**

00 Part6 **各国料理・B級グルメ**

00 Part7 **周辺エリアの実力店**

A
B
C
1
2
3
4
5
中央線
神田駅
神田駅前
中央通り
紺屋町
昭和通り
十思公園
小伝馬町駅
日比谷線
46
江戸通り
人形町通り
新日本橋駅
92
山手線・京浜東北線
銀座線
日本橋川
丸ノ内線
総武本線
72
73
79
80
マンダリン
オリエンタル
東京
コレド
室町1
コレド室町2
76
49
43
大手町駅
新常盤橋
日銀
17
堀留公園
三越前駅
103
半蔵門線
78
81
コレド室町3
62
39
75
77
日本橋三越本店
53
16
18
51
日本ビル
江戸橋北
東西線
呉服橋
三越前駅
40
江戸橋
永代通り
呉服橋
19
日本橋
42
日本橋局
東京証券
取引所
118
日本橋
74
86
93
52
コレド日本橋
鎧橋
グラン
トウキョウ
ノースタワー
123
129
116
日本橋駅
江戸橋一
119
126
大丸
35
東京駅
128
髙島屋
茅場町
114
中央署
茅場町一
八重洲中央口前
105
茅場町駅
44
中央通り
阪本小
外堀通り
城東小
八重洲通り
浅草線
100
121
50
グラントウキョウ
サウスタワー
120
32
新大橋通り
亀島川
昭和通り
銀座線
鍛冶橋
117
鍛冶橋通り
京橋駅
八丁堀
東京スクエア
ガーデン
124
宝町駅
日比谷線
八丁堀駅
125
京葉線
N
0
300m

江戸の「起点」日本橋物語

家康が重要な水路として日本橋川をつくった

日本橋の歴史は、徳川家康が江戸幕府を開いたことに始まる。

慶長8（1603）年の江戸開府にあたり、家康がまず取り組んだのは江戸の街づくりだった。大規模な土地の造成と交通網の整備、そして日本橋地区を皮切りにした区画整備だ。重要な水路として日本橋川をつくり、開府と同年に、この水路と陸路の交差点として初代の日本橋を架橋する。当初は木橋だった。

その翌年には東海道をはじめとする五街道が定められ、日本橋は全国の街道をつなぐ起点となった。

「日本橋の名称の由来。それは『日本中の人の力を集めて架けた』ためと言われています」（国交省東京国道事務所「日本橋四百年」より）

江戸の街づくりが進められる中、この地に設けられ

↑大正時代の日本橋（現在の日本橋1丁目付近の風景）。麒麟の像やランプ柱など美しい装飾と景観を楽しめた

→現在の日本橋。昭和38年に急造された首都高速道路が上を覆っている

たのが魚河岸だ。幕府の膳所《ぜぜ》（台所）に供するため、摂津から佃島に移り住んだ漁民が、上納する鮮魚の残りを一般にも販売するようになったのが、「日本橋魚河岸」の始まり。日本橋と江戸橋の間の日本橋川の北岸一帯に位置し、当時は各地から集められた鮮魚を売買する人々で大変な賑わいを見せた。こうして魚河岸は、物流の拠点と同時に江戸の名物となった。

「日本橋は『一日三千両のおちどころ』で、朝千両はこの魚河岸に、昼千両は芝居町（中橋、日本橋と京橋の間）に、夜千両は元吉原（人形町三丁目から富沢町あたり）におちたといわれている。また魚河岸周辺では、海苔や練り物などの水産物加工業も発展し、多くの問屋が生まれた」（「地図物語あの日の日本橋」佐藤洋一・武揚堂編集部著・武揚堂刊）

「三井越後屋」「白木屋」など豪商が生まれた

さらに日本橋界隈は、経済、流通の中心として発展していく。貨幣経済の基盤である金貨を鋳造する「金座」が、江戸開府の頃に日本橋本石町《ほんごくちょう》（現在の日本銀行本店）に置かれると、金銀の交換（両替）のための両替

明治44年ごろの魚河岸

江戸橋から魚河岸を望む風景（現在の日本橋室町1丁目付近）。
日本橋魚河岸は日本橋から江戸橋の間の北岸一帯に設けられた。
鮮魚を乗せて舟で行き来する光景が繰り広げられたという。周辺には商家や民家が並ぶ

写真／中央区立京橋図書館所蔵

商が現れるようになる。周辺には商人や職人が住み、多くの商店が建てられた。
　そして大店が次々と誕生。呉服屋「白木屋」（のちの東急百貨店）が最初に小物問屋を出したのは、寛文2（1662）年。延宝元（1673）年には「三井越後屋」が、日本橋本町に呉服店を開く。「現金掛け値なし」という画期的な商法などを取り入れた三井越後屋は、町人らに支持され、江戸随一の豪商となる。こうして日本橋は、江戸の商業の中心地として栄えていった。
　明治になると銀行が立て続けに建ち、金融の中心地として大きく発展する。一帯に銀行がいかに集中していたか、国交省東京国道事務所の冊子「日本橋　さらなる五百年に向けて歩みつづける日本橋」では、こう紹介している。
「明治6年日本橋兜町に第一国立銀行が開かれたのをはじめ、相次いで開業した国立銀行153行の10％が日本橋界隈にあった。（略）明治31年には東京の銀行の58％が日本橋、京橋地区に集まっている」
　明治15（1882）年に開設した日本銀行も、最初

大正11年ごろの日本橋

関東大震災前の日本橋から三越方面を望む。左の建物は帝国製麻ビル。路面電車も走っている。右には商家などが建つ

は別の場所にあったが、明治29（１８９６）年に日本橋本石町（江戸時代に金座が開かれた地）に移設。
焼失などにより何度も修復、新架が繰り返された日本橋も、明治44（１９１１）年に、現在の石造二連アーチに新架。ちなみに4隅の親柱に刻まれた橋銘は、二つ返事で快諾した第十五代将軍徳川慶喜の筆による。
江戸開府から続いていた魚河岸は、実に３００余年にわたり江戸・東京の台所として繁栄していたが、関東大震災で壊滅。その後、現在の築地に移転した。街は全滅したが、昭和初期にかけて、日本橋は見事な復興を遂げる。華やかなデパートや商社などが建ち並び、交通の発達により買い物客や会社員などが集まったという。
「大売出し時期には買い物客で足の踏み場もないほどの盛況であった」（「地図物語あの日の日本橋」）
近年はコレド室町など近代的な複合商業施設が続々と建設され、東京を代表するビジネス街と一大ショッピングエリアになった日本橋。老舗との融合を軸に、これからも変貌を遂げていくだろう。

昭和4年の水天宮交差点

歳暮大売出しに訪れた大勢の買い物客で賑わう水天宮前交差点。
懐かしい路面電車も見える

はじめに

『おとなの週末』では2001年の創刊以来、徹底した覆面取材を重ね、
自らの目と舌で納得した店だけをご紹介しています。
これまでに取材した店は3万5千軒以上。
そのなかから今回は日本橋とその近隣エリアで
〝料理が美味しく、納得価格で、接客が素晴らしい〟極上店を1冊にまとめました。
本書では「日本料理」「居酒屋・焼き鳥」「洋食系」など
7分野に分けてご紹介しています。
ぜひお手許に置いて、大切な人との会食に、
お祝いや記念日などに、ご活用ください。

ご利用にあたり

■本書は『おとなの週末』で過去に紹介した店を再構成しました。データは2015年5月現在のものです。記載されている価格は、特にことわりがないかぎり税込み表記となっております。

■料理の食材、盛り付け、ボリュームなど、写真は各店が提供している料理例を示しており、取材時のものです。料理の内容や値段、そのほかのメニューなどは、食材の入荷状況や仕入れ時季に応じて、変更される場合がありますので、ご了承ください。

■データは、本文のほかに店がおすすめする一品料理やコース料理を付記しました。営は開店からラストオーダー（L.O.）、または閉店時間を示しています。休は原則として定休日です。夏季休業および年末年始などは各店にお問い合わせください。席は店の収容人数を知るひとつの目安として、交は店からの申告データですので、ひとつの手段としてご活用ください。またその他のメニューや飲み物は、代表的なものを示しています。

■地図は一部掲載時のものを使用しているところがあり、地図中の施設の中には現在はなくなっていたり、別の施設になっているものもありますのでご注意ください。

■店紹介ページには路線名、最寄り駅、お店に近い出口の記号や名称を記しています。

G 東京メトロ銀座線　H 東京メトロ日比谷線　T 東京メトロ東西線
Z 東京メトロ半蔵門線　A 都営浅草線　S 都営新宿線
JR JR線

ランチメニュー　ディナーメニュー　昼夜共通メニュー

Part 1

日本料理

割烹、鍋、鳥料理など

江戸期の創業から250年という老舗店から、
気鋭の料理人が腕を振るう実力派まで、
素晴らしい日本料理店をご紹介します。
“粋で鯔背《いなせ》”な日本橋で、格別な時間をすごしませんか。

※日本橋エリアの「大マップ」はP8〜9をご確認ください

おばん菜取り合わせ 1188円
2

3

お昼のセット 1080円
1

1.濃い目のダシを使い、ふわふわに焼き上げるだし巻きが絶品。3種類のおばんざい、赤だし、漬物、ご飯が付く　2.色とりどりのおばんざい9種類が楽しめる。一番人気は、しっとりとしてダシの効いたおから　3.大鉢のおばんざいが並ぶカウンター席と、テーブル席。他に個室もある

大マップ C-3

京の馳走 はんなりや

和食

きょうのちそう はんなりや

03-3245-1233

京都で10年修業した店主の技を堪能する

店主の松上さんは、京都・祇園《ぎおん》で10年間の修業を経て独立。四季折々の和食とおばんざい（京都のお惣菜《そうざい》）を出す店を開いた。京野菜や関西の食材と丁寧に取った一番ダシを使い、包丁の入れ方、火加減といった細やかな職人技を加え、深みのある上品な味を作り出す。おばんざいは常時10数種類が揃い、１皿648円。９種類を少しずつ盛った「おばん菜取り合わせ」（1188円）も人気だ。

東京都中央区日本橋室町1-11-15 2階／営 11時半～13時半L.O.、17時半～22時L.O.、土17時半～21時L.O.／休 日、祝、月に1回土（不定休）／席 計32席／カウンターは禁煙／カード可／予 夜は予約が望ましい／サ 夜はサ10%別／交 地下鉄銀座線、半蔵門線三越前駅A1・A3出口から徒歩1分

その他のメニュー／ドリンク

昼：焼魚付セット1720円　夜：お造り972円～、コース6804円～　■ビール：中生680円　焼酎：グラス630円～　ワイン：ボトル6300円～　日本酒：1合630円～

ホタルイカのしゃぶしゃぶ
2500円

2

おまかせコース 5400円
お品書き一例
（カニ以外すべて1人前）

- 茶豆
- 安肝と衣かつぎ
- 大間のマグロ
- わらさの照り焼き
- 活毛ガニ（2人前）
- 特製コロッケ
- 野菜サラダ
- 自家製ぬかづけ
- もって菊の酢の物
- 稲庭うどん

1

活毛ガニ（2人前）

1.生きている状態で北海道から直送された毛ガニは、朝茹でたばかり。新鮮な甘みが広がる 2.ホタルイカのプリッとした食感と甘みを堪能。日により、おまかせコースの一品として登場する

和食

大マップ C-3

多賀山《たかやま》

03-3279-5954

新鮮な魚介を楽しめるおまかせコース

細い路地にある隠れ家的な店。紙に書かれたメニューはなく、席に着くと「おまかせコース」（5400円）が自然に運ばれてくる。コースは新鮮な魚介類が中心で、全体的にあっさり上品な味付けが印象的だ。通常は8品ほどが出され、先に好き嫌いを言っておけば内容を変更してくれる。料理の量も、客の食べる様子を見ながら調整して出すなど、細やかな気配りに溢れている。

東京都中央区日本橋本町1-6-12／営11時半～13時半、17時半～22時／休土、日、祝／席1階カウンター8席、2階座敷席4席×5卓　計28席／喫煙できる／カード可／予夜のみ予約できる／サなし／交地下鉄銀座線、半蔵門線三越前駅A4出口から徒歩5分

その他のメニュー／ドリンク

昼：焼き魚定食1150円、カキフライ定食1150円　夜：一品料理は仕入れにより1000円前後～
■ビール：中瓶630円　焼酎：グラス500円～　ワイン：ボトル3180円　日本酒：1合618円～

大和しじみの酒蒸し 924円
2

名物 島根漁師料理 さばしゃぶ
（1人前1659円·オーダーは2人前から）
3

海鮮がいな丼 1400円
1

1.一膳目は、醤油とワサビを回しかけてよく混ぜてどうぞ。二膳目は、ミョウガやネギや大葉などの薬味を加えていただく　2.宍道湖で獲れた大和しじみのエキスが凝縮している　3.島根の甘露醤油、酒、カツオだしなどをベースにした濃厚な汁に、サバの切り身を軽く、くぐらせていただく

大マップ B-3

主水《もんど》日本橋店《にほんばしてん》

和食

味の変化を楽しめる海鮮丼

島根の郷土料理が味わえる店。ランチで特に評判が高いのは、大きな木桶にマグロやアジ、白身魚、イクラなど7種類の具を彩りよくちりばめた「海鮮がいな丼」(1400円)。ボリュームもあるので、非常に満足度が高い。夜は島根の名物「大和しじみの酒蒸し」(924円)や「浜田港の赤天」(609円)がおすすめ。島根県松江市にも店があり、都内では四谷店、新宿歌舞伎町店、神田淡路町店がある。

03-3231-2213

東京都中央区日本橋室町1-5-3福島ビル1階／営11時～14時半L.O.、17時～22時半L.O.／休無休／席カウンター7席ほか 計37席／昼のみ全席禁煙／カード可／サ夜のみサ5%、夜のみお通し代420円別／予できる（昼は宴会のみ）／交地下鉄銀座線、半蔵門線三越前駅A4出口から徒歩1分

その他のメニュー／ドリンク

昼：割子そば（三段）900円
夜：炙りさばのたたき998円、大山鶏のから揚げ819円、かに箱寿司892円　■ビール：中瓶525円　日本酒：1合780円～

肉じゃが 700円

真鯛の土鍋めし（1合）1500円

1.ていねいに下処理した天然の鯛を、米と一緒に土鍋で炊く。鯛の旨みが1粒1粒にしみ込んで絶品だ。おこげも旨い。最初はそのまま、次はほうじ茶でお茶漬けにしていただく　2.ダシと醤油などで、シンプルに味付けした　3.日本橋川沿いのテラス席

和食

ニホンバシイチノイチノイチ

大マップ B-3

土鍋ご飯が看板メニュー

五街道の起点であり、伝統と文化が根付く日本橋から"日本の食"を発信していこうと、2008年にオープン。料理は季節ごとに替わり、日本各地からその時に一番いい旬の食材を取り寄せている。料理長が厳選した産地直送の魚や野菜料理のほか、看板メニュー「真鯛の土鍋めし」（1合1500円）など、シンプルで繊細な味わいが評判だ。

03-3516-3111

東京都中央区日本橋1-1-1国分ビルディング1階／営11時～14時（13時半L.O.）、17時～23時半（22時半L.O.）、土・日・祝11時～15時L.O.、15時～22時半（21時半L.O.）／休無休／席カウンター6席、テラス34席ほか 計120席／分煙／カード可／予できる／サ夜のみ10%、お通し代300円別／交地下鉄銀座線、東西線日本橋駅B11出口から徒歩2分

その他のメニュー／ドリンク

昼：週替わりのお昼御膳は5種類で980円～1450円　夜：塩辛バターのフライドポテト600円　■ビール：生グラス680円～　焼酎：グラス570円～　ワイン：グラス650円～　日本酒：グラス620円～

2

3

1

1.料理は季節により異なる。熱々で出てくる自家製のゴマ豆腐は絶品。炊合せには新竹の子やイイダコなど旬の食材を盛り込む。稲庭うどんはとろろ入りの漬けダレで　2.ほうじ茶で半煮えになった白身が格別　3.こざっぱりと掃除の行き届いた清潔な店内

大マップ E-3

一寛
いっかん

和食

03-3639-8211

手間ひま掛けた極上和食がリーズナブル

店主は小泉元首相も御用達という赤坂「津やま」で16年間修業。地元に近い人形町で2007年に店を開いた。高級割烹仕込みの味ながら、家庭的なメニューと温かいもてなしで贔屓《ひいき》を増やしている。料理は4860円〜のコースのみ。天然の魚介類など上等な素材を使い、炊き合わせは素材ごとに別々に煮るなど手間ひまを惜しまない。値段以上の価値がある料理だ。

東京都中央区日本橋蛎殻町2-5-3／営17時半〜22時（20時半最終入店）／休土、日、祝／席カウンター4席、テーブル4席×3卓、半個室1室（4〜6名／室料無料）　計22席／喫煙できる／カード可／予予約がのぞましい／サ10%別（お通し代なし）／交地下鉄半蔵門線水天宮前駅5番出口から徒歩すぐ

その他のメニュー／ドリンク

料理はコースのみで4860円・6480円・8640円　■ビール：生745円、中瓶630円　焼酎：グラス630円、ボトル4200円　日本酒：1合840円

1.会席コース「雪」（10800円）の揚げ物の一例。内容は月替わりで、その時季の旬の食材が供される 2.主にアラスカ湾で漁獲される銀だらを使用。脂ののりが抜群だ。しっとりとした身と酒粕の芳醇な香りが楽しめる 3.会席コース「雪」の煮物の一例

和食

魚久《うおきゅう》 本店《ほんてん》

大マップ D-3

伝統の京粕漬と会席料理

老舗が数多く集まる日本橋人形町界隈でも、京粕漬で有名な『魚久』。京粕漬を販売するほか、昼は「銀だら京粕漬定食」（1404円）といった定食、夜は旬の食材を用いた月替わりの会席料理が楽しめる。会席コースは花・月・雪の3種あり、一番安い「花」（5400円）でも、先付け、刺身、吸い物、八寸、焼き物、蒸し物、酢の物、づけ丼、デザートの全9品が付く内容だ。

☎ 03-3666-3848

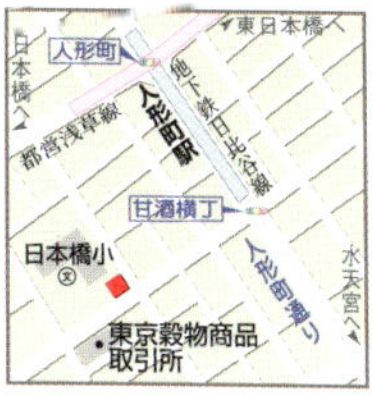

東京都中央区日本橋人形町1-1-20／営11時〜14時（13時半L.O.）、17時〜22時（コース20時半L.O.）／休土、日、祝／席カウンター10席、テーブル2席×3卓、4席×4卓、6席×1卓 計38席／喫煙できる／カード可／予できる／サなし／交地下鉄日比谷線人形町駅A2出口から徒歩1分

その他のメニュー／ドリンク

昼：魚久おすすめ定食972円
夜：京粕漬三種盛り1620円、にぎり〈風〉2160円 ■ビール：生648円 焼酎：グラス1080円〜 ワイン：ボトル2700円〜 日本酒：1合648円

刺身盛り合わせ 2300円

1

3

たらちり鍋
1人前2000円

2

1.その日によりおすすめ内容が変わり、マグロやアジのほか、白身に貝類など約4種が盛り込まれる 2.冬の季節にぜひ味わいたい自慢の鍋。たらの身はふっくらとしていて、野菜もたっぷり入る。ダシまでしみじみ旨い 3.食堂風の落ち着く店内

大マップ E-3

おおいし

和食

気取らない日本料理店で新鮮魚介に舌鼓

甘酒横丁に店を構えて約50年。築地から毎朝取り寄せる新鮮魚介がウリだ。人形町の実力店として名を上げた先代を受け継ぐ2代目の味付けは、上品な薄味が基本。夜は本格日本料理を供し、昼には美味しい定食がリーズナブルに楽しめる。家族連れから、ひとりで訪れる会社員まで、気取りのない店の雰囲気に常連になる人も多い。

03-3668-3019

東京都中央区日本橋人形町2-21-12／営11時半～13時半、17時半～23時L.O.／休月／席テーブル4席×2卓ほか　計25席／喫煙できる／カード不可／予夜のみ可／サなし／交地下鉄日比谷線人形町駅A1出口から徒歩2分

その他のメニュー／ドリンク

昼：サバの味噌煮定食850円、アジフライ定食850円　夜：メバルの煮付け2000円、野菜の煮物800円　■ビール：中瓶550円　焼酎：グラス450円　日本酒：470円

2

1

3

1.ランチは1種類のみで、主菜に小鉢1～2品、ご飯、味噌汁、香の物付き。写真の主菜はアジの塩焼き。アジは通常の二回りほども大きい　2.「日替りおまかせ昼の膳」1100円のある日の主菜。ズワイガニコロッケはズワイガニの足の身をほぐして混ぜた自家製　3.1階は掘りごたつのカウンター

和食

旬の味 十四郎

しゅんのあじ とうしろう

大マップ D-3

03-3662-0163

山陰の幸を盛り込んだ昼膳が好評

鳥取出身のオーナーのつてで仕入れる、山陰の新鮮な魚介類が自慢の店。金沢から築100年の古民家を移築した建物で会席料理を楽しめる。夜はおまかせ会席9720円～の高級店だが、昼はアジの塩焼きやサバの味噌煮、刺身や天ぷらなど日替わりの定食を1100円で提供。魚は前日に獲れたものが出るので鮮度がいい。土、祝のランチも営業するので、週末休みの店が多い人形町では貴重。

東京都中央区日本橋人形町1-5-14／営11時～13時半L.O.(売切れ次第終了)、17時～22時L.O.／休土・祝の夜、日／席カウンター8席、個室5室ほか 計50席／昼のみ全席禁煙／夜のみカード可／予夜のみ予約できる／サ夜のみ10%別／交地下鉄日比谷線人形町駅A2出口から徒歩1分

その他のメニュー／ドリンク

昼：日替わりおまかせ昼の膳1100円　夜：季節限定会席1万4040円　■ビール：生850円　焼酎：グラス1260円～　ワイン：ボトル5940円～　日本酒2合2160円～

1.「つみれ鍋」の注文は1人から受け付ける（写真は2人前）。カツオのダシをベースにし、薄口醤油とみりんを合わせたスープに、つみれ、豆腐、くずきり、エノキ、椎茸、春菊、白菜、葱、柚子などが入る 2.この日の定食は、サーモンの醤油焼き、つくねと蕎麦、山菜のちゃんこ鍋、ご飯、味噌汁、お新香。日替わりの豪華な内容で評判だ

大マップ D-3

地酒と趣肴 風貴

じざけとしゅこう ふうき

和食

☎ 03-3668-3545

つみれ鍋と旨い地酒で心も体も温まる

筍《たけのこ》、蕗《ふき》、菜の花、独活《うど》……。約30種類揃うアラカルトメニューには、春の息吹を感じさせる食材が並ぶ。加えて、冬の定番・鍋料理や、酒に合う珍味も用意。鍋は４種類あり、おすすめは「つみれ鍋」（1400円）。自慢のつみれは、アジ、イワシ、トビウオのすり身に刻み葱と生姜、ニンニクを加えたもの。柚子胡椒《ゆずこしょう》をつけるとさらに味が引き締まり、日本酒のお供にも最適だ。

東京都中央区日本橋蛎殻町1-13-7岡村ビル1階／営11時～14時L.O.、17時～22時L.O.、土は予約のみ17時～22時L.O.／休日、祝／席計22～32席／喫煙できる／カード可／予できる／サなし、夜のみコース以外はお通し代550円別／交地下鉄日比谷線人形町駅A2出口から徒歩3分

その他のメニュー／ドリンク

昼：鮪刺身定食800円、ネギとろ定食800円　夜：北山コース3500円、刺身盛合せ2200円　■ビール：生530円　焼酎：グラス480円～、ボトル2100円～　日本酒：1合490円～

1 三種の刺盛り 1800円

3 エスカロップ 880円

2 かじかの唐揚げ 780円

1.内容は日により異なる。この日はマツカワ、マツカワのエンガワ、おひょうの昆布締め、マスノスケ（キングサーモン）。約2人前だ 2.身が締まって弾力のある白身魚。ポン酢で食す 3.根室市内の喫茶店が始めた料理。タケノコが入ったバターライスにトンカツがのる。基本は昼のみ。夜は要予約

和食

ふうれん

大マップ E-2

根室の美味と地酒に酔う

北海道根室から直送される新鮮な魚介が味わえる。松川かれい、大平（おひょう）、八角などの鮮魚が、刺身や焼き物で味わえるほか、「ほや塩辛」（680円）、「えぞ鹿の生ハム」（880円）、「浜茹で北海しまえび」（880円）などの地物も楽しめる。根室で人気の地酒「北の勝《かつ》」は希少な「絞りたて」から「大吟醸」まで7種類が用意され、日本酒好きにはたまらない。

☎ 03-5641-6667

東京都中央区日本橋人形町2-30-5／営11時半～13時半L.O.、17時～22時半L.O.、土・祝は17時～21時半L.O.／休日、第1月、祝日の月／席カウンター8席ほか　計30席／喫煙できる／カード可／サなし、お通し代500円別／予夜のみ予約できる／交地下鉄日比谷線人形町A1番出口から徒歩4分

その他のメニュー／ドリンク

昼：日替わり定食880円　夜：ほっけの刺身800円～、生干しかすべ炙り680円　■ビール：生600円　焼酎：グラス650円～　ワイン：グラス650円～　日本酒：グラス500円～

2 あんこう鍋 1人前3024円～
（写真は2人前）

3 名水豚治部煮 864円

1 のどぐろのしゃぶしゃぶ
1人前4104円（写真は1人前）

1.注文は1人前から。具は本しめじ、しいたけ、水菜、長ネギ、ニンジン、豆腐、石川県から取り寄せる餅　2.あんこうの身と肝、うど、しいたけなどが入り、醤油味の上品な味わい。注文は2人前からで前日までに要予約。冬季限定　3.立山の名水を飲んで育った、脂に甘みがある豚を使用

大マップ D-3

北陸料理《ほくりくりょうり》 新越《しんえつ》

和食

03-3669-5292

北陸の旨い鍋と美酒に酔う

富山湾で獲れた新鮮な魚介をはじめ、季節料理や珍味など、北陸の旨いものが揃う。通年人気の看板メニューは「のどぐろのしゃぶしゃぶ」（1人前4104円）。脂ののった身を魚のアラでとったダシにさっとくぐらせ、半生の状態が食べごろ。口に運ぶとたちまちとろけ、まさに至福の瞬間だ。富山・石川・新潟の地酒も充実。酒呑みにはこたえられない店である。

東京都中央区日本橋人形町3-3-9久米ビル1階／営11時半～14時、17時～22時半（22時L.O.）／休土、日、祝／席テーブル4席×6卓、6席×1卓ほか　計52席／喫煙可／カード可／予要予約／サチャージ216円、お通し代540円別／交地下鉄日比谷線、都営浅草線人形町駅A5出口から徒歩2分

その他のメニュー／ドリンク

夜：立山地獄煮1002円、白海老の小判焼き1944円、夜の会席コース4320円～　■ビール：生グラス702円　焼酎：グラス540円～　ワイン：ボトル3780円～　日本酒：1合648円～

2

1.注文は2人前から。美しいピンク色のトロは、カツオ出汁の中で少し火を通すだけで十分。とろける食感と、にじみ出る旨味が後を引く。先付、刺身、アジの南蛮漬け、雑炊が付く「ねぎま鍋コース桜」は8000円だ
2.昭和2年創業の老舗は風情ある佇まい。堀ごたつや座敷など大小さまざまなタイプの個室が用意され、接待にも向く

ねぎま鍋（単品）1人前6500円

1

和食

よし梅《よしうめ》

大マップ D-3

03-3668-4069

江戸時代から伝わる名物"ねぎま鍋"

『よし梅』は80年余の歴史を誇る魚河岸料理の老舗。この店の看板料理は「ねぎま鍋」だ。ネギとまぐろ、さらに新鮮な旬の野菜を煮立てた、江戸時代から伝わる名物料理である。鍋に入るまぐろは、煮ても硬くならない脂がのったトロを使用。丁寧にとったカツオのダシ汁に、まぐろとネギの旨みが溶け合った味が絶妙。コースの締めには、ニラと玉子を落とした雑炊も楽しめる。

東京都中央区日本橋人形町1-18-3／営11時～13時半L.O.、17時～21時L.O.／休土、日、祝／席カウンター9席、個室11室ほか　計100席／夜のみ喫煙できる／カード可／予できる／サ夜のみ10％別／交地下鉄日比谷線人形町駅A2番口から徒歩1分

その他のメニュー／ドリンク

昼:焼き魚御膳1500円　夜:季節の会席コース8000円～、一品料理は刺身盛り合わせ3500円～など　■ビール:生800円　焼酎:グラス800円～　ワイン:ハーフボトル2500円～　日本酒:燗酒1合800円、冷酒300mℓ 1300円～

2

3

1

1.A5ランクの最上の黒毛和牛を堪能する。セットの小鉢には、名物の「牛佃煮」が付く。これがピリ辛でクセになる味わいだ。夜はお通し2品、うどん、香の物付きで4968円 2.炭火で熱した鉄板に牛脂を塗り、そこに割り下を入れ、和牛の肉を煮るスタイルは創業時から変わらない 3.全席が個室になっていて、ゆったりと楽しめる

大マップ D-1

伊勢重《いせじゅう》

鍋

☎ 03-3663-7841

明治2年創業の老舗のすき焼き

すき焼きが〝牛鍋〟といわれた時代の明治2年に創業した。昼は、肉や野菜が軽めの「すき焼ライトセット」(2700円〜)が、女性客にも好評だ。仲居さんの給仕を受けながら最高の煮加減でとろけるような牛肉がいただける。牛佃煮やごはん、味噌椀なども付く。75g1350円からと、肉の追加も可能。「たっぷり野菜サラダ」(1080円)や「豚の角煮」(669円)などサイドメニューも多い。

東京都中央区日本橋小伝馬町14-9/営11時〜21時半L.O.(ランチは〜16時)/休日、祝/席個室4席×1室、6席×2室、8席×4室、12席×1室 計60席/喫煙席あり/カード可/予望ましい/サ10%別/交地下鉄日比谷線小伝馬町駅1番出口から徒歩2分

その他のメニュー/ドリンク

昼:すうぷ煮3780円〜、すき焼き小鍋仕立2808円 夜:すき焼4968円〜、特撰豚の味噌漬焼669円 ■ビール:中瓶831円 焼酎:グラス648円〜 日本酒:1合723円

2

3

1

1.すき焼の肉は、体温で溶ける上質な脂ときめ細やかな質の雌牛肉。ご飯と味噌汁、香の物のセットは別で1人前864円。夜のすき焼コースは1万2960円～　2.店内は広間を用いたテーブル席が中心　3.掘ごたつタイプの個室。室料は2160円～だが、料理は一番安い5940円から可と良心的。昼は室料無料・料理4860円～

鍋

人形町 今半

にんぎょうちょう いまはん

大マップ E-3

最高級の黒毛和牛に見事な接客

1895年（明治28年）に創業した今半から、1956年に独立した人形町今半。すき焼（夜5940円～）をリーズナブルに味わえるのは、黒毛和牛を一頭買いするから。牛の目利きでは日本で五指に入ると言われる仕入れ担当が、目で見て選ぶ黒毛和牛の雌牛は肉質が柔らかくきめ細やか。和服の仲居さんが、最後まで作ってくれるなどサービスも心がこもり、長年の贔屓も多い。

☎ 03-3666-7006

東京都中央区日本橋人形町2-9-12／営11時～15時（L.O.）、17時～22時（21時最終入店）、土・日・祝は通し／休元日のみ／席カウンター11席、個室11室ほか　計94席／個室のみ喫煙できる／カード可／予可（昼は4860円～）／サ昼の予約と夜のみサ10%別、アルコール注文時はお通し代1人300円別／交地下鉄日比谷線人形町駅A1出口から徒歩1分

その他のメニュー／ドリンク

昼：すき焼弁当2484円、昼のすき焼4860円　夜：コースは平日1万800円～、土日祝6480円～　■ビール：生中756円　焼酎：グラス648円～　ワイン：グラス907円～　日本酒：1合799円～

元祖すき焼きコース
9720円

おしながき

- 名代料理3品
- 軍鶏のすき焼き
  ※月曜のみ熟成軍鶏のすき焼き
  （東京軍鶏モモ肉、東京軍鶏ムネ肉、東京軍鶏手羽、東京軍鶏つくね、焼き豆腐、ネギ、しらたき、温泉玉子）
- 元祖親子丼
- 香の物
- 水菓子

1.軍鶏の力強い旨みとやさしい味の割下のバランスが絶妙だ。モモ肉とムネ肉が入っており、軍鶏の味わいに負けない濃厚な玉子でふんわりととじられている　2.ランチタイムの親子丼は、1階のこの部屋で相席での利用となる。2階はすべて個室になっており、最大45名まで入れる部屋もある

大マップ D-3

玉ひで

たまひで

鳥料理

「東京軍鶏《しゃも》」を存分に味わえる名店の鍋

親子丼発祥の店として有名な玉ひでは、将軍家の鷹匠を勤めた初代山田鐵《てつ》右衛《え》門《もん》が、妻のたまと「玉鐵《たまてつ》」を創業したのが始まり。その後、軍鶏鍋専門店となった。五代目の秀吉氏の愛称から、「玉秀」と呼ばれるに至り、明治31年頃に現在の屋号に。東京都と共同で「東京軍鶏」を開発するなど、料理の研究に余念がない。名物の親子丼は、夜にはお膳やコースで楽しめる。

☎ 03-3668-7651

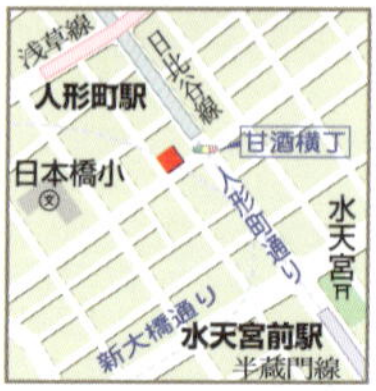

東京都中央区日本橋人形町1-17-10／営11時半～14時（親子丼の注文は13時まで）、17時～22時、土・日・祝11時半～14時（親子丼の注文は13時まで）、16時～21時／休夏季、年末年始／席計最大約200席／ランチの相席のみ禁煙／予2名から予約できる（コース、お膳のみ）／コースのみカード利用可／サコースのみ10%別／交地下鉄日比谷線人形町駅A2出口からすぐ

その他のメニュー／ドリンク 昼：白レバ親子丼2000円　夜：玉ひで特製軍鶏料理コース7560円～　■ビール：中瓶864円～　焼酎：300mℓ 3024円～　日本酒：1合702円～

軍鶏のすき焼き（元祖すき焼きコースの一品）

↓割下は、創業当時からのこだわりで醤油とみりんを使用。
軍鶏は筋をきれいに取り除き、柔らか。鍋は取り分けまで給仕人がすべて行う

2

特上親子丼 1400円
（昼は限定10食·夜は1800円）

1

親子丼
950円（昼限定）

1.ツユが多めで卵とご飯の一体感が味わえる。鶏団子、スープ、お新香付き　2.使用されている名古屋コーチンは関東ではなかなかお目にかかれない希少なもの。三つ葉にもこだわり、茨城県産の「切り三つ葉」を使用。香りが格段に清々しい

大マップ C-5

鳥ふじ《とりふじ》

鳥料理

最高級の食材と職人の技が見事に調和

鳥料理の名店「鳥つね」で修行した料理長が腕を振るう人気店。「特上親子丼」に使われる肉は、純系名古屋コーチンで卵を産む直前の雌鳥と、水郷赤鶏の２種。色鮮やかな橙色が特徴の〝日本一こだわり卵〟は濃厚で深い甘みが魅力だ。肉の火の通り加減、ツユの煮詰め具合、卵の柔らかさと、熟練の職人技ですべての要素が絶妙のバランスとなり、旨さにつながっている。

03-3249-6118

東京都中央区日本橋茅場町3-4-6本橋ビル2階／営11時半～14時（売り切れ次第終了）、18時～22時半（21時半L.O.）／休土曜の夜、日、祝／席カウンター10席ほか 計22席／夜のみ喫煙できる／夜のみカード可／予できる／サなし／交地下鉄日比谷線、東西線茅場町駅2番出口から徒歩2分

その他のメニュー／ドリンク

夜：鳥なべコース7000円、串付き親子丼コース4000円

■ビール：生480円　焼酎：グラス600円～、ボトル2850円～　ワイン：ボトル4500円～　日本酒：1合700円～

1.「つくね重」は、味噌汁、香物付き　2.「三重弁当 上」は焼き鳥やつくね、サクサクに揚げたエビフライが入る。「三重弁当 並」は1200円　3.清潔感ある店内。2階には通りを望むカウンター席も

鳥料理

鳥料理《とりりょうり》 古今《ここん》

大マップ D-1

☎ 03-5642-7575

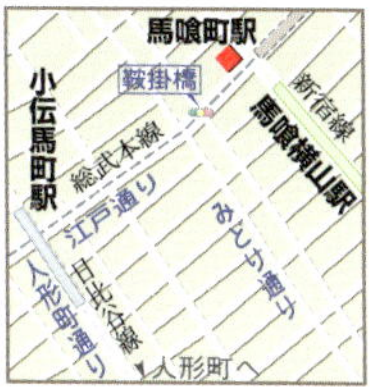

秘伝のタレを付けたつくね

日本橋に100年近く居を構える鳥料理店。毎朝仕入れる新鮮な鶏を店で、ていねいにさばく。創業当時から継ぎ足しながら使い続ける秘伝のタレも魅力だ。特にランチ時には、鶏の旨みがギュッと詰まった「つくね重」や、丼一杯分のご飯に、15種類以上のおかずがたっぷり入った「三重弁当 上」が人気。仕出し弁当として出前も行っており、大手町や丸ノ内からの注文が多い。

東京都中央区日本橋馬喰町1-4-11／営11時半～14時（13時半L.O.）／休土、日、祝（相談に応じる）／席1階30席、2階30席 計60席／喫煙可／予可／カード不可／サなし／交都営新宿線馬喰横山駅A2出口から徒歩2分、JR総武快速線馬喰町駅2番出口から徒歩2分

その他のメニュー／ドリンク
昼：きじ重 並1100円、三重弁当 並1200円　■ビール：中瓶630円　日本酒：1合420円

1.大山鶏のもも肉のジューシーな旨みと、甘めのトロトロ玉子が絶妙　2.たまり醤油にザラメなどを加えた甘口ダレがよく絡み、クセになる味わい　3.もも一枚肉を豪快に焼き上げた。皮はカリカリ、身はしっとり。藻塩と柚子胡椒でいただく

大マップ D-4

日本橋 ぼんぼり

にほんばし ぼんぼり

鳥料理

03-3664-2777

宮崎地鶏料理と本格焼酎の店

コリコリとした歯応《はごた》えのある宮崎地鶏とジューシーな肉質の大山鶏を、さまざまな調理法で味わえる店。この店の〝焼き〟方の特徴は、鶏肉を炭火で焼く時に、したたり落ちる脂であがる煙でその鶏肉を燻《いぶ》し、燻製《くんせい》状態にするという宮崎県地方独特の技法を使っていること。1階のオープンキッチンでは、焼いているパフォーマンスを見られる。約60種の焼酎が揃うのも嬉しい。

東京都中央区日本橋蛎殻町1-5-1オイスター1-5ビル1階／営11時半～14時、17時半～23時半／休日、祝／席計50席／喫煙できる／夜のみカード可／予夜のみできる／サなし、夜のみお通し代500円別／交地下鉄半蔵門線水天宮前駅6番出口から徒歩5分

その他のメニュー／ドリンク

昼：地鶏南蛮揚げタルタル900円　夜：串焼き220円～、炙り鶏皮キムチ500円　ビール：生620円　焼酎：グラス550円～　ワイン：グラス600円　日本酒：1合700円～

白焼き 1500円
2

3

箱めし 小箱 1750円
1

1.穴子をふんわり煮た「煮上げ」と、そこから表面を炙った「焼き上げ」を選べる。写真は「煮上げ」。一回り大きい「中箱」(2950円)なら、「煮上げ」と「焼き上げ」を一枚ずつのせることも可　2.軽く塩を振って、ワサビと柚子胡椒でアッサリと食べる　3.テーブルは一卓ごとに区切られている

穴子料理

玉ゐ《たまい》

大マップ B-4

ふんわりと焼いた穴子にだし汁をかけて食す

1953年に建てられた酒屋の家屋をそのまま用いた穴子専門店。天然もののみを使う穴子は、秋には常磐産、冬は対島産というように、時期によって最もいい産地のものを選ぶ。8月～10月限定の珍しい穴子の「刺身」(1400円)は平目に似た食感だが、上品な甘みはそれ以上。看板メニュー「箱めし」(小箱1750円～)は、ふんわりとした穴子もタレのからんだご飯も、文句なしに旨い。

☎ 03-3272-3227

東京都中央区日本橋2-9-9／営11時半～14時半、17時～21時半(21時L.O.)、土・日・祝11時～20時半(20時L.O.)／休年末年始／席カウンター6席、4席×5卓　計26席／全席禁煙／カード可／予夜のみできる／サなし／交地下鉄銀座線、東西線日本橋駅C4番出口から徒歩2分

その他のメニュー／ドリンク

昼夜：穴子ちらし1450円～、小箱会席4350円、中箱会席5550円　■ビール：中瓶650円～　焼酎：グラス600円～、ボトル4200円～　日本酒：熱燗700円～、冷酒900円～

日本橋の歩き方、楽しみ方

←外国人スタッフもお迎えする日本橋案内所

→日本橋三井タワー前で見つけた休憩用オープンテラス

とっておき情報は まずコレド室町1の 日本橋案内所へ

日本橋初心者がまず訪ねたいのが、コレド室町1の地下1階にある「日本橋案内所」。こちらでは老舗情報から、イベント情報にいたるまで街全体のインフォメーションセンターとなっている。パンフレットも豊富で、しかも海外数か国語にも対応。ショップやカフェも併設し、ここでしか入手できない日本橋老舗店の逸品もある。とても頼りになる案内所なのです。

日本橋の優しさは 休憩所の多さにあり

日本橋には、訪れるゲストをお迎えしようという“おもてなし”の心遣いが溢れている。買い物や散策の途中で、休憩できる場所がいろいろ設けられているのだ。コレド室町や三越、髙島屋といった施設内にも休憩処があり、日本橋三井タワーなどでは屋外に無料で利用できるオープンテラスがある。近くのお店で軽食をテイクアウトして、ブレイクするのが日本橋スタイルかも。

日本橋は 地域の“横”の つながりが強い

日本橋の特長として、地域のお店の“横”のつながりが強いことが挙げられる。創業数百年という日本橋の老舗同士の貴重なコラボ商品が売られていたり、また日本橋三井タワーの地下1階「コレド室町タワーダイニング」の6店舗では、1つのお店にいながら、他店舗の料理を注文できるサービスも行っている。日本橋ならではの素敵な“コラボレーション”が満載です。

←創業以来の歴史の合計が、1000年を超える6つの老舗がコラボした、ふりかけ「日本橋1000年うまみ」(540円)

←日本橋三井タワー

↑地下にある「コレド室町タワーダイニング」。ピッツァから鶏料理まで6店が連携する

Part 2

江戸グルメ

寿司、うなぎ、天ぷら、そば

寛永年間に置かれた魚河岸とともに日本橋は発展する。
江戸が発祥という握り寿司、そばきり、蒲焼から、
〝江戸の三味〞のひとつとしてと愛された天ぷらまで。
ゆかりの味で、しばし江戸っ子気分に浸ってみては。

※日本橋エリアの「大マップ」はP8～9をご確認ください

1.アジ、ヒラマサ、マグロ、マダコなど、昼はにぎり8貫に巻物3切。夜はにぎり6貫に巻物1本が付く。内容は時季によって替わる 2.波が海から陸に向かって寄せていくのを表現した〝富《ふ》貴《き》寄《よ》せちらし 3.店内には値札がかかっているので安心して注文できる

大マップ E-3

㐂寿司

きずし

寿司

江戸前の〝仕事〟を気負うことなく楽しめる

気後れしそうなほど風格ある佇まいだが、職人さんがていねいな接客で迎えてくれる。「家庭的な雰囲気で召し上がっていただきたい」という店主の油《ゆ》井《い》さんの心情が垣間見えるようだ。初めてならおきまりの「寿司」「ちらし」(各3240円)が安心。お好みは１貫600円からが目安で、穴子、煮イカ、コハダ、アジなどが特におすすめ。江戸前ならではの仕事が生きているネタをぜひ味わいたい。

☎ 03-3666-1682

東京都中央区日本橋人形町2-7-13／営11時45分～14時半、17時～21時半、土11時45分～21時／休日・祝／席カウンター12席、テーブル4席×1卓、座敷6席×1卓ほか 計30席／カウンター禁煙／カード可／予できる／サなし／交地下鉄日比谷線、都営浅草線人形町駅A3出口から徒歩3分

その他のメニュー／ドリンク

昼夜：寿司3240円、上寿司3780円。ちらし3240円、上ちらし3675円。夜のおまかせ1万5000円前後 ■ビール：瓶864円 焼酎：1杯864円 日本酒:1合864円、冷酒1296円

2

1

1.シャリには赤酢を使用。白身魚のアラとカツオ節でダシを取ったお吸い物が付いている。車エビやシャコ、白魚、イカが美しく盛られた一品
2.自家製の玉子焼きは、外側はこんがり、中はしっとりなめらか。魚は常時25〜30種類用意されている

寿司

繁乃鮨

しげのずし

大マップ C-3

03-3241-3586

入念に選びぬいた魚介類を使用する

江戸時代、日本橋に魚河岸《うおがし》が栄えていた頃から魚屋を営み、宮内庁御用達《こようたし》となり、1951年に寿司店に転身した。現在も宮内庁賢所《かしこどころ》に神撰《しんせん》（神に供える酒食）用の魚を納入している。３代目店主が毎日築地市場に通い、入念に選びぬいた魚介類を仕入れている。冷凍ものなどはいっさい使用しないこだわりの老舗だが、気取りはなく、手頃なメニューも用意されている。

東京都中央区日本橋本町1-4-13／営11時〜13時半、17時〜21時（20時半L.O.）／休土、日、祝／席カウンター12席、テーブル3席×1卓ほか 計33席／カウンターは昼のみ禁煙、夜は喫煙可／カード可／予できる／サなし／交地下鉄銀座線、半蔵門線三越前駅A1出口から徒歩3分

その他のメニュー／ドリンク

昼：にぎり、ちらし各1人前1100円〜、鉄火丼3300円、おまかせにぎり3300円など 夜：コースは月7000円など、つまみ（刺身）は4000円〜 ■ビール：中瓶700円 日本酒：1合700円

1.付き出しは子持ち昆布、アジのたたきやバイ貝のお通し。ヒラマサ、マコガレイなど4品の刺身にメバルの煮つけ。寿司はトリガイ、中トロなど7貫と巻物にお椀が付く。コースは、当日、席が空いていれば、予約なしでも1名から注文できる（2階の座敷と1階のテーブル席で注文可能）。内容は日替わり　2.店内は細長い造りで、カウンターは一番奥にある

大マップ B-3

寿司貞《すしさだ》

寿司

03-3241-6000

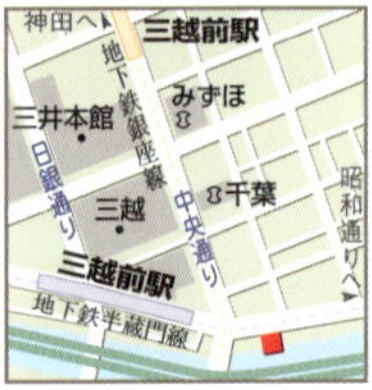

6500円で満足のすしコース

1923（大正12）年に開店。現在は清水隆さんが4代目店主を引き継ぎ、5代目の隆裕さんとともに付け台に立つ。すしのネタは常時20種類以上あり、1カン300円から。カウンターに座ってネタケースを眺めながら、あれこれ頼むのも楽しいが、初めてこの店を訪れるなら「梅コース」（6500円）がおすすめ。内容は日替わりで全6品。3種類のお通しや煮付けなどボリュームも満点だ。

東京都中央区日本橋室町1-8-4／営11時20分～14時、17時～22時、土・祝11時20分～14時半、土・祝の夜は予約のみ営業／休日／席計39席／昼はカウンター席禁煙、夜は喫煙可／カード可／予できる／サなし、コース以外はお通し代500円別／交地下鉄銀座線、半蔵門線三越前駅B6出口から徒歩1分

その他のメニュー／ドリンク

昼：限定ランチ寿司1100円、ランチちらし1500円　夜：コースは他に8000円と9000円
■ビール:中瓶600円　焼酎:グラス400円～　ワイン:ボトル5000円～　日本酒:1合600円～

にぎり1人前 1300円

2

づけあなちらし 1100円

1

1.まずはそのまま味わい、その後うずらの卵をヅケに絡めてユッケ風にしていただくのがおすすめだ。中の具は日替わり　2.「にぎり1人前」は、中トロ、ヒラメ、赤身、白イカ、ホタテ、玉子、イクラ、穴子、鉄火巻きに、お椀付き。「にぎり1.5人前」（1700円）は、にぎり11カンに巻物1本。「特選」（2200円）は、ウニやズワイガニなど、にぎり12カン

寿司

鮨芳《すしよし》

大マップ D-3

シャリの中に隠された具に感激する

カウンター10席のみで、昼は行列になることもある。ランチ限定の「づけあなちらし」（1100円）は、爽やかな旨みのヅケマグロと、脂ののった穴子の取り合わせが絶妙。食べ進むうちに、シャリの中からホタテやエビ、イクラ、白身魚などが出てきて驚かされる趣向だ。「にぎり1人前」（1300円）は赤身、中トロ、白身など8カンに、鉄火巻き半分が付く。

03-3249-3556

東京都中央区日本橋人形町1-12-11リガーレ日本橋人形町102／営11時半～13時半、17時半～22時半L.O.、土17時半～20時半／休日、祝／席計10席／全席禁煙／夜のみカード可／予昼は予約不可、夜は予約が望ましい／サなし／交地下鉄半蔵門線水天宮前駅8番出口から徒歩1分

その他のメニュー／ドリンク

昼：づけちらし1100円、あなごちらし1200円　夜：5000円コース。7000円、1万円　■ビール：グラス500円　焼酎：グラス500円～　ワイン：フルボトル4500円　日本酒：1合800円～

1

2

1.前菜は穴子の八幡巻、生いくらおろし和え、生クラゲの酢の物。先付は胡麻豆富、マグロとマダイのお造りに、銀鮭の胡麻味噌焼き、豚バラとパコロスのあっさり煮などの一品料理に中トロ、赤ハタなどの握り寿司に椀物と水菓子が並ぶ。2.なめらかでコクのある中落ちにご飯がすすむ。お昼は丼にもにぎり寿司にも小鉢、ガリ、お椀付き

大マップ B-3

日本橋 さくら丼

にほんばし さくらい

寿司

03-3270-1139

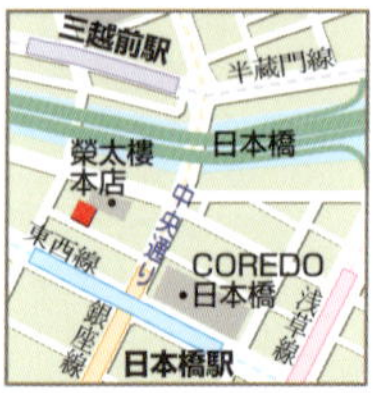

にぎりも和食も大満足の実力寿司店

つけ場にひとりで立ち、丁寧に仕事をする店主が、毎朝自ら築地へ足を運んで吟味した鮮魚を、にぎりのほか、季節感あふれる一品料理へと仕立ててくれる。前菜に焼き物、煮物などを楽しみ、最後に寿司をつまむコースとなった寿司御膳「さくら」(5400円)で、まずはその腕前を実感したい。アラカルトも揃うほか、昼には趣向を凝らした丼(1050円〜)なども楽しめる。

東京都中央区日本橋1-2-16/営11時〜14時、17時〜22時(21時半L.O.)/休土、日、祝/席カウンター10席、テーブル4席×2卓　計18席/昼は全席禁煙、夜は喫煙可/カード可/予夜のみできる/サなし、突き出し代500円別/交地下鉄銀座線、東西線日本橋駅B9出口から徒歩1分

その他のメニュー/ドリンク

昼:本ずわい蟹と鮪中落ち丼(雲丹醤油)1250円　夜:にぎり寿司「八重」3240円、酒肴セット3240円　■ビール:生680円　焼酎:グラス540円〜　日本酒:1合648円〜

梅にぎり 1080円
2

1.胡麻豆腐の先付に、カステラ玉子や小ナスの田楽など7種類の前菜、マグロやカンパチなど4種類の造里《つくり》。凌《しの》ぎはソーメン、焼き物に煮物、酢の物、キスやマグロヅケなどの握り寿司、お椀に水菓子が付く。内容は毎月替わる。にぎりは丁寧な仕事が感じられるネタとシャリのバランスがいい　2.マグロ、カンパチ、ホタテ、エビなど8カンのにぎりと巻き物のセット。内容は仕入れによって替わる。茶碗蒸し、小鉢、お椀が付く

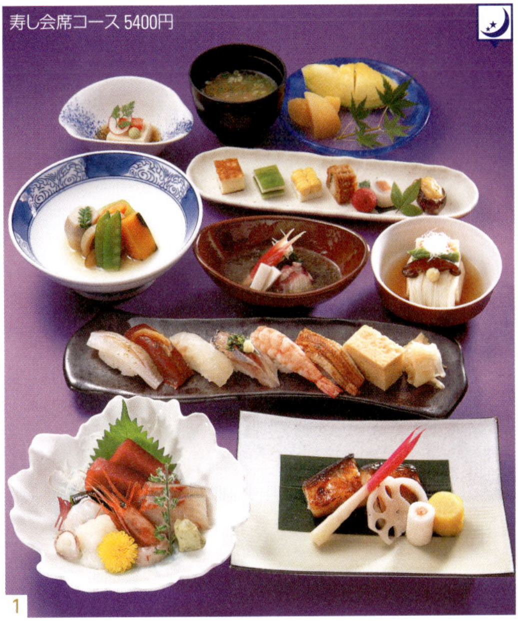
寿し会席コース 5400円
1

寿司

日本橋 舟寿し

にほんばし ふなずし

大マップ C-2

03-3661-4569

酒粕に3日間漬けて焼き上げた銀ダラ

ベテランの寿司職人によって供される江戸前寿司のほか、和食の料理人が手間をかけて仕上げる季節の料理が豊富だ。米もシャリのでき具合を日々チェックしながら厳選。毎月内容が変わる「寿し会席コース」(5400円)は、天然の本マグロの刺身や、酒粕に3日間ほど漬けて焼き上げた「銀鱈《ぎんだら》の粕漬け」など9～10品が揃い、その質の高さと繊細な味わいが素晴しい。

東京都中央区日本橋小舟町11-2／営11時半～14時L.O.、16時半～21時半L.O.／休日、祝、第4土／席計69席／1階は終日禁煙／カード可／予できる／サなし、アルコール注文時はお通し代540円別／交地下鉄銀座線、半蔵門線三越前駅A4出口から徒歩5分、日比谷線人形町駅A5出口から徒歩5分

その他のメニュー／ドリンク

昼：梅ちらし1080円、ランチコース4860円（要予約）　夜：季節のにぎり1730円、おまかせにぎり3780円　■ビール：グラス650円～　日本酒：1合540円～

ちらし寿司 2700円

赤身と中トロ、煮蛸、コハダ、レンコン、椎茸などが豪快に盛られたその下には、上品な甘みのおぼろ。これが、酢と塩だけで仕上げたスッとしたシャリに旨みを加え、調和のとれた味わいを生む

大マップ B-4

日本橋 吉野鮨本店《にほんばし よしのずしほんてん》

寿司

江戸の粋が感じられる、老舗の実力

1879年（明治12年）に鮨屋台として創業した。かつては〝アブ〟と呼ばれ、脂がのったトロが二束三文だった時代に、２代目が冒険して出した握りが評判になったという、「トロ握り」発祥の店としても知られている。「常に最上のものを出す」という江戸前寿司の老舗だが、価格は庶民的。夜も、刺身をつまんで一杯やって、握りで締めて約１万円前後が目安だという。

03-3274-3001

東京都中央区日本橋3-8-11／営11時～14時、16時半～21時半L.O.（22時）、土11時～14時のみ／休日、祝／席カウンター11席、テーブル4席×3卓、個室2室ほか　計54席／喫煙できる／カード可／予できる／サなし／交地下鉄銀座線、東西線日本橋駅B1出口から徒歩1分

その他のメニュー／ドリンク

昼：にぎり、ちらしは2160円～　夜：にぎり3240円～。ちらし2700円～。刺身盛り合せ3780円～　■ビール：中瓶648円　日本酒：180mℓ 648円～

G
T
日本橋
B1

1.ネタとシャリが別々に盛られたちらし寿司。コハダ、真ダコ、イクラの醤油漬けなど10種類ほどのネタが入る　2.ボリュームのある刺身の盛り込み。ヤリイカ、サバ、大トロなど、その日おすすめのネタが5〜6種類　3.長崎県佐世保産のアジ。握りは約25〜30種類、1カン378円〜

寿司

都寿司《みやこずし》

大マップ D-3

☎ 03-3666-3851

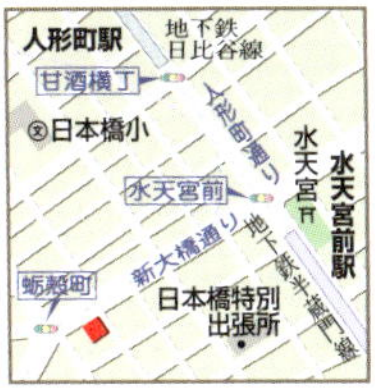

正統江戸前寿司と日本料理を堪能

1887年（明治20年）創業の名店。ネタの旨みを引き立てるシャリは、厳選した秋田産の秋田小町と宮城県産のササニシキをブレンドし、ふっくらと炊き上げ、芳醇な香りの赤酢を加えてまろやかに仕上げたもの。握りのほかにも、目に鮮やかな「お刺身の盛り込み」、しなやかな食感の「穴子の白焼き」、ほっこり炊かれた「若竹煮」などひと手間かけた日本料理を満喫できる。

東京都中央区日本橋蛎殻町1-6-5／営11時〜14時、16時半〜22時（21時半L.O.）／休日･祝･第2土／席カウンター8席、テーブル4〜5席×3卓、座敷30席ほか　計74席／昼は全席禁煙／カード可／予夜は予約が望ましい／サなし、お通し代432円別／交地下鉄半蔵門線水天宮前駅A4出口から徒歩3分

その他のメニュー／ドリンク

昼：まぐろ丼（13時まで1080円）　夜：コースは7020円〜　■ビール：生350mℓ 648円　焼酎：グラス577円　ワイン：ハーフボトル2700円　日本酒：1合648円〜

1 やよい 5616円

1.脂ののった鰻を1匹半使用。柔らかくとろけるような味わいだ。粒のそろったご飯にからむ、深みのあるタレも芳醇な味わい
2.ボックス席には暖簾がかかり、プライベート感が保たれる

2

大マップ B-2

大江戸《おおえど》

うなぎ

☎ 03-3241-3838

老舗ならではの趣を感じる店内で

江戸寛政年間（1800年）に創業した風格ある店構え。テーブル席から個室、座敷などあらゆる客層に対応する。うな重は、大きさに応じた6段階で、2376円から用意される。うまき（1728円）やうざく（1512円）のほか、まぐろやヒラメなど、旬の魚介にこだわったおさしみ（4点盛り3564円）や鳥の塩焼（1296円）、など酒のつまみもかなり充実している。

東京都中央区日本橋本町4-7-10／営11時〜21時40分L.O.、土11時〜20時40分L.O.／休日、祝／席テーブル8席×1卓、座敷個室13部屋ほか　計150席／個室のみ喫煙可／カード可／予昼不可（座敷は可）／サなし（座敷のみ昼10%別、夜15%別）／交JR総武快速線新日本橋駅8番出口から徒歩1分

その他のメニュー／ドリンク

昼夜：うな重2376円〜　■ビール：中瓶864円　焼酎：グラス540円〜　ワイン：ボトル6480円　日本酒：1合1080円〜

1.特大のうなぎを１尾使う。タレは甘さ控え目だ　2.うなぎの肝を20個程度のせた限定品は、肝好きにはたまらない。肝吸い、かぶと煮、漬物、とろろ、コーヒー付き。他にランチタイム限定のうな丼（2000円）がある　3.小ぢんまりとした店内

うなぎ

活鰻専門 うな富

かつまんせんもん　うなとみ

大マップ E-3

☎ 03-3667-7266

ふっくら蒸し立ての肉厚うなぎが評判

神田に創業した川魚問屋が前身。「身が厚いほうがうなぎの味がしっかり出て美味しいから」と、通常の1.5倍近く大きいうなぎだけを使う。毎朝店内でさばき、注文が入ってから蒸すので20～30分待つが、ふっくらとやわらかい食感は蒸し立てならでは。ビールや日本酒などドリンクはすべて500円均一とリーズナブル。ランチは11時半に満席になることもあるほどの人気。

東京都中央区日本橋蛎殻町2-8-9／営11時～14時L.O.、17時半～21時（夜は予約のみ）、土と戌の日は昼のみで売切れ次第閉店／休土の夜、戌の日の夜、日、祝／席計13席／禁煙席なし（ランチは全席禁煙）／カード不可／予夜のみ可／サなし／交地下鉄半蔵門線水天宮前駅4番出口から徒歩3分

その他のメニュー／ドリンク

昼夜：鰻重3200円～、ラッキョの赤ワイン漬500円、肝串（1本）500円　■ビール：生、中瓶各500円　焼酎：グラス500円　ワイン：グラス500円　日本酒：1合500円

2

1

3

1.刺身醤油とおろし立てのワサビでいただく　2.噛めばサラリと崩れる鰻。柔らかな口どけを辛めのタレが受け止める。こちらの信条は「口の中でとろける柔らかさ」。それでいて食べ応えもしっかりある　3.築90年の建物は、登録有形文化財に申請中

大マップ D-3

㐂代川《きよかわ》

うなぎ

明治7年創業店の鰻は、上品さが身上

すっきりとした数寄屋造りの日本家屋、2階の窓にはすだれが並ぶ。渡辺淳一の小説『化身』で、ヒロインの霧子が食事をしたのも、ここの座敷だった。2階はコースのみで、よく接待に使われるとか。1階にはテーブル席があり、鰻重やつまみを気軽にいただける。現在は五代目のご主人・渡辺昌弘さんが、若女将とともに暖簾を守る。煮物や刺身といった一品料理にも定評あり。

03-3666-3197

東京都中央区日本橋小網町10-5／営11時～14時L.O.、17時～20時L.O.／休日、祝／席テーブル4席×3卓、2席×1卓　計14席（2階にコースのみの座敷、個室あり）／全席禁煙／カード可／予できる／サ座敷のみ15%別／交地下鉄日比谷線、東西線茅場町駅7番出口から徒歩5分

その他のメニュー／ドリンク

昼夜：鰻重は「菊」3000円、「竹」4000円のみ。煮物1000円、うざく1500円　■ビール：中瓶600円　焼酎：グラス500円～　日本酒：1合800円～

2

1

3

1.とろけるほど柔らかく仕上げるのが身上。竹は大うなぎ半身で2400円、菊は共水うなぎ1.5尾で4400円。ご飯はお米マイスターがうなぎに最適な品種をブレンド。お新香付き。肝吸いは別で400円　2.うなぎ4匹分の肝を使っており食べ応えがある。実山椒の佃煮がさわやかさを添える　3.お座敷個室が5部屋あり、2～20名まで対応可。室料無料

うなぎ

日本橋 高嶋家

にほんばし たかしまや

大マップ C-2

愛新覚《あいしんかく》羅《ら》溥《ふ》傑《けつ》もこよなく愛した

☎ 03-3661-4709
03-3661-5909

明治8年の創業から130年以上、伝統の味を守り続ける店。小林秀雄ら文人たちのほか、この店のうなぎを愛したのが、清朝最後の皇帝・溥《ふ》儀《ぎ》の弟、愛新覚羅溥傑。来日するたびに訪れたという。扱うのは基本的にその日の朝さばいた国産の上質なうなぎ。25分程度しっかり蒸してあるので、口の中でとろけるほど柔らかく、甘さ控えめのキリッとしたタレが江戸前の粋を感じさせる。

東京都中央区日本橋小舟町11-5／営11時半～14時、17時～22時、土11時半～14時／休日、祝／席個室5室ほか 計54席／禁煙席なし／カード可／予できる／サ個室利用の場合のみ10%別。お通し代1人430円別／交地下鉄日比谷線、都営浅草線人形町駅A5出口から徒歩8分

その他のメニュー／ドリンク

昼夜：メニューは昼夜共通。うざく1300円、う巻き1400円

■ビール：生730円　焼酎：グラス680円～　日本酒：1合850円～

2

1

1.定食のネタは海老2本、イカ、穴子、白身魚1品、野菜2品。白身魚はキス、ギンポ、メゴチなどから1品、野菜はナスとピーマンを基本として、季節ごとに替わる。カウンター越しに揚げたてのアツアツがひとつひとつ出てくる。好みで天つゆか伯方《はかた》の塩をつけていただく。味噌椀とお新香が付く
2.日本橋の名店らしい雰囲気。平日限定ランチには、近隣の会社員が行列する

大マップ C-4

てんぷらみかわ

天ぷら

03-3664-9843

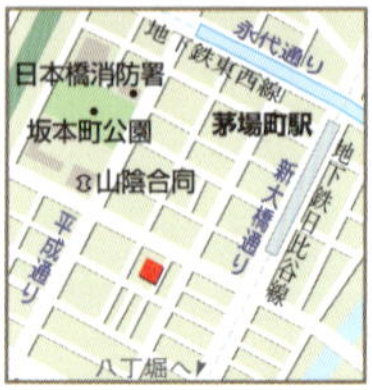

昆布、椎茸、鰹節でひいたダシを使う絶品天つゆ

ランチメニューは天丼と定食（各1200円）のみで、どちらも同じネタを使う。特に人気なのは、揚げたてで出される定食で、客の8割が注文するという。ふっくらとした食感で臭みのない穴子、甘みのあるエビ、しっかりと身の締まったイカなど、衣のなかにそれぞれの旨みが凝縮されている。昆布と椎茸、鰹節で強めにひいたダシに、みりんと醤油をあわせた天つゆも絶品だ。

東京都中央区日本橋茅場町3-4-7／営11時半～13時半L.O.、17時～21時半L.O.／休水、第2火／席カウンター8席、座敷2室（4～8席） 計16席／夜のみカード可／予夜と土日のみ予約できる／サなし／交地下鉄日比谷線、東西線茅場町駅2番出口より徒歩5分

その他のメニュー／ドリンク

昼：天丼1200円、定食1200円
夜：みはからい1万円～（おまかせコースのことで土日祝は昼夜） ■ビール中735円、小525円、日本酒1合600円、ハーフワイン1890円

1.生の穴子、海老2尾、いかと小柱のかき揚げ、温泉卵の天ぷらなどボリューム満点。ごま油とサラダ油を独自にブレンドし、軽い食感の中にも香ばしさが漂う。硬めに炊かれたご飯もたれと相性抜群　2.清潔感あふれる1階カウンター席。2階はテーブル席

江戸前天丼 950円

天ぷら

日本橋 天丼 金子半之助《にほんばし てんどん かねこはんのすけ》

大マップ B-3

03-3243-0707

よみがえった門外不出の味の粋

金子半之助の天丼専門店。名料理人・半之助氏が考案した丼たれを復活させ、タネや油の配合など試行錯誤を重ねた末に生み出された。「天丼は庶民の食べ物。できるだけ安くお腹いっぱいになってほしい」（店主）。丼を彩るタネは生の穴子や海老をはじめ盛りだくさん。粋で豪快な天丼を目当てに、連日、開店前から行列ができる。

東京都中央区日本橋室町1-11-15／営11時～22時（21時半L.O.）、土、日、祝10時～21時（20時半L.O.）／休不定休／席カウンター6席、テーブル2席×1卓、4席×1卓、6席×2卓　計24席／全席禁煙／カード不可／予不可／サなし／交地下鉄銀座線、半蔵門線三越前駅A1出口から徒歩2分

その他のメニュー／ドリンク

昼夜：テイクアウトの江戸前天丼950円（温泉卵は入らない）、揚玉120円、がりごぼう500円、みそ汁120円　■ビール：生中550円

1.濃口のそばつゆで作る同店の看板メニュー。辛さは「ふつう」「辛口」「大辛口」の3段階があり、さらに中のお肉は豚肉、鶏肉から選べる。コクがあり、やみつきになる深みのある味だ　2.国産の生鴨肉を使った香ばしい一品　3.店は1階から3階まであり、テーブル席から座敷まである。写真は2階のテーブル席。

大マップ B-3

日本ばし やぶ久《にほんばし やぶきゅう》

そば

カツオ節を大量に使ったつゆが秀逸

1902年（明治35年）創業で、4代続いている老舗。そば粉は国産の最上級のものを使用し、喉越しもいい。つゆも自慢で、本節と宗太節を大量に使い、深く芳醇な奥行きとコクがある。「そばづくしコース」（4320円）は、そば味噌やそばがき、そば豆腐など10種類ほどのメニューが味わえてオススメ。酒席を彩る一品料理も豊富で、老舗の味をゆっくり味わいたい。

☎ 03-3271-0829

東京都中央区日本橋2-1-19／営11時～15時半L.O.、17時～22時半L.O.、土11時～15時半L.O.、17時～21時L.O.／休日・祝／席テーブル2席×3卓、座敷4席ほか　計54席／禁煙席なし／カード不可／予できる／サなし／交地下鉄銀座線、東西線日本橋駅B7出口から徒歩1分

その他のメニュー／ドリンク

昼夜：黒豆納豆そば1080円、季節の野菜天ぷらそば1566円、鴨南ばん1620円、そばづくしコース4320円　■ビール：生中702円、日本酒：一合702円～、焼酎グラス594円～

2

1

1.日本橋・山本海苔店ののり、大和屋の削り節、人形町の豆腐店の納豆と、老舗の名品を使っている　2.昼は1階と地下でそばを、2～3階では定食を楽しめる

G
Z
三越前
A4

そば

利久庵

りきゅうあん

大マップ B-4

幌《ほろ》加《か》内《ない》産の白いそばを甘めのタレで食べる

1952年創業。常連客も多い日本橋の有名店だ。人気の納豆そばは、先代の弟が経営している銀座店で生まれたメニュー。北海道・幌加内産のそば粉で打った白いそばが特徴で、店の地下で毎日打っている。砂糖やみりんを加え、甘めに仕立てたつゆも人気で、毎日通い詰める人もいるほどだ。夜は「だし巻き玉子」（800円）などをつまみに、一杯やるのも楽しい。

03-3241-4006

東京都中央区日本橋室町1-12-16／営11時～20時半、土11時～16時／休日、祝／席テーブル4席×16卓、2席×2卓、座敷8席ほか地下1階から3階座敷まで　計92席／予できる／カード不可／サなし／交地下鉄銀座線、半蔵門線三越前駅A4出口から徒歩2分

その他のメニュー／ドリンク

昼：利久定食（すき焼き）1150円※ランチは14時まで　昼夜：もりそば650円、天もり1500円、鴨南ばん1600円　■ビール：中瓶650円　焼酎：グラス650円～　日本酒：1合700円

【天もり&天ざる】

看板メニューになった賄《まかな》いの“終《しま》いそば”

→芝海老と貝柱のかき揚げが温かなツユに入った名物の「天もり」（1550円）

↓風情ある木造2階建ての旧店舗。かつては江戸通りに面して建っていた

→創業100年を超える日本橋の老舗。植栽のある中庭を見ながら、ゆったりと蕎麦を食べられる

室町砂場

東京都中央区日本橋室町4-1-13／☎03-3241-4038／休日、祝

そば屋の定番メニュー「天もり」「天ざる」の発祥店が明治2年に日本橋で開業した「室町砂場」だ。同店の5代目・村松毅さんによれば、

「もともとは、温かいつゆに揚げ玉を入れて従業員が食べていた〝終《しま》いそば〟でした。夏は、熱い天ぷらそばの注文が減るので、暑くても食べられる〝天ぷらそばのつけ麺版〟として出されたのが始まりです」

同店の天もりは、芝海老と小柱のかき揚げがツユに入って出てくる。天もりのそばは香りが楽しめる一番粉。天ざるは、まっ白い更科粉が使われる。そして江戸前の老舗らしく、ツユはかなり濃口だ。

「ほんのちょっとツユをそばに絡めて食べるといいんです。しっかりと香りも楽しめるし、そばが温まらずに食べられます」

なるほど、それが江戸の〝粋〟な食べ方なんですね。

Part 3

居酒屋・焼き鳥

居酒屋、立ち飲み、焼き鳥など

ビルの合間に、風情ある町屋が残る日本橋。
昭和レトロな気分にトリップできる路地裏で、
煮込みや焼き鳥を肴に、一杯やるのはいかがでしょう。
ほっとしたいときに訪れる、日本橋の味を満喫しましょう。

※日本橋エリアの「大マップ」はP8〜9をご確認ください

2 ぷるぷる酢もつ 500円

1 もつ鍋（1人前）1220円（写真は2人前）

1.もつ鍋は写真の白味噌や胡麻味噌も選べる。ニラや豆苗、ニンニクチップがたっぷり入ってスタミナ満点。注文は2人前～
2.脂ののった国産もつを酢を効かせてさっぱりと

大マップ D-3

ご馳走居酒屋 三船

ごちそういざかや みふね

居酒屋

世界のMIFUNEがテーマの居酒屋

三船敏郎の映画の世界を再現した店が2010年にオープン。道場をコンセプトにした店内では古き良き侍の世界を体感でき海外からの観光客にも好評。料理は国産の脂がのった新鮮なもつを使った「もつ鍋」をはじめ、豚串揚げや手羽から揚げなどダイナミックな肉料理が中心。映画『七人の侍』に登場する侍たちをイメージした「七人の侍ハイボール」（480円）など遊び心も満載。

☎ 03-6661-9449

東京都中央区日本橋人形町1-18-2 1階／営 11時半～14時L.O.、17時～23時L.O.／休 無休／席 計54席／禁煙席なし／カード可／予 望ましい／サ なし、チャージ1人300円別／交 地下鉄日比谷線、都営浅草線人形町駅A6出口から徒歩1分

その他のメニュー／ドリンク

昼：王道のかつ丼800円　夜：やみつき豚串230円、三船のマグロカツ850円、朴葉焼き各種580円～　■ビール：生480円、中瓶550円　焼酎：グラス450円　日本酒：1合750円

刺身盛り 3000円（2人前）
1

3

やりいかと里芋煮 780円
2

1.この日は香川の縞鯵、長崎のはた、高知のかんぱちなど。刺身は毎日仕入れによって変わるが、10種ほどが盛られ、丁寧にネタの札が付けられる。2人前以上は前日までの要予約　2.イカを煮たつゆに、揚げた里芋を加えて味を染み込ませている　3.2Fはユニークな形のカウンターとテーブル席がある

居酒屋

地酒処《じざけどころ》 山葵《わさび》

大マップ E-3

魚と日本酒を心ゆくまで楽しみたい

人形町・甘酒横丁に店を構える名店。地元に愛される人気店だが、遠くから訪れる客も多い。常連がこぞって注文するのが刺身盛り。魚はすべて店主自らが毎朝築地に足を運び、仕入れているため、鮮度のよさはもちろん、その目利きにも定評がある。また刺身と一緒に味わいたいのがスタッフ全員で試飲をし、選ぶという日本酒。美しい切子グラスが味わいを一層増してくれる。

☎ 03-3666-6977

東京都中央区日本橋人形町2-11-4 2～3階／営17時～22時（21時半L.O.）／休日、祝、第2土曜／席カウンター8席、テーブル3席×1卓、座敷8席ほか　計43席／テーブル席は喫煙可／カード可／予した方がよい／サなし／交地下鉄日比谷線人形町駅A1より1分

その他のメニュー／ドリンク

夜：上まぐろ刺身1200円、ポテトサラダ530円、ふぐ唐揚げ900円　■ビール：生ビール600円　焼酎：グラス520円～　ワイン：グラス400円　日本酒：1合500円～

1.稀少なツチ鯨を江戸甘味噌と赤ワインで煮込む。脂ののった皮には芳醇なコクがあふれている。タレはパンにつけて食す　2.刺身3品の合計から100円引きとなる。高級魚の真《ま》ハタも品書きに並ぶ。上品な甘みがたまらない　3.毎晩、常連客の楽しげな笑い声があふれている店内

大マップ E-2

酒喰洲

しゅくず

居酒屋

☎ 03-3249-7386

極上の魚料理を立ち飲みで味わう

料理人歴50年にもなる腕利きの店主が約10年前に開業した。店で扱う魚介はすべて国産の天然物にこだわり、毎朝、自ら千住市場に足を運んで、抜群の目利きで仕入れている。極上の素材を使用しつつも、刺身が350円〜と手頃な価格で味わえるのも魅力で、すりたての本ワサビを添えて風味豊かに食べさせてくれる。日本酒や焼酎も全国各地から選りすぐった銘酒を揃える。

東京都中央区日本橋久松町2-10／営 16時半〜23時(フード22時L.O.、ドリンク22時半L.O.)／休 日、祝／全席禁煙／カード利用可／予 できない／サ なし／交 地下鉄日比谷線、都営浅草線人形町駅A4出口から徒歩6分

その他のメニュー／ドリンク

夜：海鮮玉子とじ580円、もずく酢350円、数の子入わさび漬380円、にしん塩焼480円　■ビール：生400円、中瓶550円　焼酎：グラス540円〜　ワイン：グラス350円　日本酒：グラス480円〜

1.米粉で揚げた唐揚げはサクッとした食感。ポン酢であっさりいただく　2.ヤゲンとモモ肉の部位をコラーゲンスープでじっくり煮て冷やし、プリプリの食感に　3.（写真左上から時計回りに）ささみ、手羽先、野菜焼き、ればﾞ、砂肝、つくね、せせり、もも

焼き鳥

江戸路《えどじ》

大マップ D-3

03-3668-0018

焼き鳥を楽しめる名店の風格

老舗「玉ひで」の姉妹店。鳥専門店のノウハウを生かし、筑波地鶏や名古屋コーチンなど素材や鮮度にこだわった焼き鳥や、季節の料理を供している。「焼き鳥８本コース」（１人前2500円）は、焼き鳥、お通し、スープ、サラダがセットになったお徳な内容。その中に出てくるコラーゲンスープは、胃粘膜補強にいいそうで、旨みも濃厚だ。

東京都中央区日本橋人形町1-19-2／営11時20分～13時半、17時～22時半L.O.、土・日は11時20分～14時、17時～21時L.O.／休祝／席1階カウンター席15席、2階テーブル席32席　計47席／禁煙席なし／カード可／予できる／サなし、お通し代400円別／交地下鉄日比谷線、都営浅草線人形町駅A6からすぐ

その他のメニュー／ドリンク

昼：江戸路丼900円　夜：焼き鳥1本200円～、チキン南蛮800円、ささみ天ぷら680円
■ビール：生650円～　焼酎：グラス500円～　ワイン：グラス600円～　日本酒：1合500円～

2
つくね（1本）220円、
レバー（1本）220円

ムネ肉のづけ 400円
1

煮込 380円
3

1.表面を炙り特製ダレに一晩漬け込んだ、まろやかな旨みが絶妙なひと品　2.定番の人気串焼メニュー。お酒との相性が抜群の味加減だ　3.背肝、コンニャク、豆腐、大根、ゴボウなど具だくさんの煮込み。唐辛子味噌を加え辛めに仕上げる

大マップ D-4

とり健《とりけん》

焼き鳥

☎ 03-3639-9671

串を片手に豪快に味わう

永代通りから一本中に入り、さらに細い路地を目指す。「とり健」は、木造長屋の一画に佇む人情味溢れる一軒だ。奇をてらった串は置かず、はつ、レバー、砂肝など、各部位の持ち味で勝負する焼き鳥がメニューに並ぶ。手羽、はらみ（各270円）以外はすべて220円。野菜は、しいたけなど約4種類。2名から注文できるおまかせコースは6本（1500円）、10本（2300円）から選べる。

東京都中央区日本橋茅場町2-14-8／営17時半～23時（22時半L.O.）／休日、祝／席1階カウンター9席、テーブル2席×1卓、2階座敷2～6席×5卓　計39席／禁煙席なし／カード不可／サなし／交地下鉄日比谷線、東西線茅場町駅3番出口から徒歩3分

その他のメニュー／ドリンク

夜：串焼は、ももねぎ、ぼんじり、やげん（軟骨）、皮など220円、きゃべつ100円、しやしとまと400円、皮ポン450円　■ビール：生500円　焼酎：グラス500円～　日本酒：お燗550円、たる酒650円

おまかせ7本コース 1890円
1

3 東京鶏飯 819円

2 白レバーのたたき 840円

1.内容はその日によって違う。この日は右から、みさき、おたふく、背肝、さえずり、ふりそで、おび、生麩　2.濃厚な脂の旨みがたっぷり。ニンニク醤油でいただく　3.鶏ガラなどを骨が砕けるまで煮込んだ白濁のスープご飯。裂いた胸肉をのせる。鶏のエキスが凝縮したコクのある味

焼き鳥

人形町 丈参

にんぎょうちょう たけさん

大マップ E-2

とろけるような「白レバーのたたき」

店主の出《で》浦《うら》丈《たけ》裕《ひろ》さんは白金の「酉玉」で修行し、2007年に独立した。串は、希少部位を含む内臓系を中心に約20種類。注文するなら、「おまかせ」にするのがおすすめだ。焼き上がりの一瞬のタイミングを見逃さないよう黙々と焼き場に立つ出浦さんが、肉系、内臓系、野菜系の串を最高のバランスで出してくれる。とろけるような「白レバーのたたき」（840円）など、１品料理もぜひ。

☎ 03-3639-1129

東京都中央区日本橋人形町2-25-11／営17時半～24時（材料がなくなり次第終了）／休日、祝の月曜／席カウンター12席　計12席／喫煙できる／カード不可／予できる／サなし、お通し代600円別／交地下鉄日比谷線、都営浅草線人形町駅A3出口から徒歩5分

その他のメニュー／ドリンク

夜：おまかせ10本コース2625円、ささみ塩ポン714円、親子丼777円　■ビール：生735円　焼酎：グラス525円～　ワイン：グラス714円　日本酒：1合630円～

おしながき
- a お通し
- b おろし大根
- c 小鉢
- d 鳥スープ
- e ささみ
- f レバー
- g つくね
- h ねぎ巻
- i うずらの玉子
- j もも肉
- k 皮
- l 砂肝
- m 手羽
- n ぎんなん

一本一本焼きたてのものが出てくる充実のコース。ⓔ新鮮なささみは、おろしワサビと塩だけで食べる。ⓕ臭みがなくプリプリした食感の白レバーを使用。ⓖ2種類の鳥をあわせて作ったつくねは弾力のある歯ごたえとジューシーさが後をひく。このほか6本串コース2850円なども人気だ

10本串コース 3950円

大マップ B-3

むろまち 鳥や

むろまち とりや

焼き鳥

☎ 03-3241-5288

脂がのった自慢の白レバー

肉質がやわらかい地養鳥の雛《ひな》を、毎朝仕入れている。刺身でも食べられるほど新鮮な肉を使ってレアに焼くので、鶏肉そのものの甘みや食感が楽しめる。特に自慢の白レバーは、シッカリ脂がのっているのに臭みがまったくないのが特徴。「ねぎ巻」に使うネギも、よく焼けば甘く、サッと焼けば辛みが出るという高級品「千寿葱《せんじゅねぎ》」を使用するなど、脇役にもこだわりが見える。

東京都中央区日本橋室町1-5-13ツカコシビル／営11時～13時半、17時～22時／休土、日、祝／席カウンター9席、テーブル3席×1卓、2階（個室2室）4席×1卓ほか 計34席／禁煙席なし／予夜のみ予約できる／サなし／交地下鉄銀座線、半蔵門線三越前駅A4出口から徒歩1分

その他のメニュー／ドリンク

昼：焼き鳥丼1000円 夜：鳥わさ700円 ■ビール：中ジョッキ650円 焼酎：グラス650円～ ワイン：ボトル3990円～ 日本酒：熱燗1合645円～、冷酒840円～

2 ハラミタタキ 626円

3

1 バカ盛からあげ 626円

1.自家製タレに漬け込んだ唐揚げは、しっかりとした味つけで酒によく合う。揚げたてで衣はサクサク 2.周囲をサッと炙ったレアで食す。力強い旨みを感じられる 3.店舗１階部分。昭和の酒場の風情を感じさせる居心地のいいお店だ

焼きとん

筑前屋《ちくぜんや》 人形町総本店《にんぎょうちょうそうほんてん》

大マップ D-3

03-6661-1123

朝挽きモツの串焼きで酒が進む

国産の豚モツを使用した串焼きが看板メニュー。朝挽きされた新鮮なモツは、どれもクセが一切なく、豊かな風味を楽しめる。それをさらに引き立てるのが、継ぎ足し作られる秘伝のタレだ。あっさりとしつつも、奥深いコクを感じられる。一品料理の中で人気を呼ぶのが、赤字覚悟の「バカ盛」メニュー。広い店内が連日ほぼ満席となる、この界隈でも指折りの人気店だ。

東京都中央区日本橋人形町2-7-16／営16時～24時（23時L.O.）※日曜は早めに閉店する場合もある／休無休／席カウンター10席、テーブル4席×20卓、6席×4卓 計114席／禁煙席なし／カード利用不可／予できる／サなし／交地下鉄日比谷線、都営浅草線人形町駅A3出口から徒歩1分

その他のメニュー／ドリンク

夜：もつポン酢302円、秘伝牛すじ煮込み626円など ■ビール：生529円、中瓶637円 焼酎：グラス529円～ ワイン：グラス421円 日本酒：1合421円～

【折詰弁当】

魚河岸市場で働く人の要望に応えた折詰弁当

↑1850年に折詰弁当専門店を開業した3代目・樋口松次郎

↑日本橋室町の裏通りにある総本店。売り切れもあるので要確認

→日本橋の三越や髙島屋の食品コーナーでも販売される一番人気の折詰弁当「並六《なみろく》御飯付」（1080円）

日本橋 弁松《べんまつ》総本店

東京都中央区日本橋室町1-10-7／☎03-3279-2361／休無休　※お弁当は予約するのが確実

日本橋といえば、江戸期から大正時代の関東大震災まで魚河岸があった場所。そこで開業した食事処「樋口屋」が、折詰弁当の発祥店「弁松」だ。8代目・樋口純一さんによれば、

「前身の樋口屋は、醤油や砂糖をたっぷり使った甘辛のおかずに、盛りのいいご飯で人気だったそうです。ただ忙しい河岸の人は食べきれなくて、残した料理を経木《きょうぎ》や竹の皮に包んで持ち帰ることも多かったようです」

そこで3代目・松次郎の時には日本初の〝折詰弁当専門店〟に衣替え。当時の濃口味がボリュームもそのままに今日まで続いている。

「味が濃すぎたり、甘すぎたりと感じる人も多いようで、『調味料を間違えたのでは？』などとクレームが来ることもありました（笑）」（8代目）

しかし、伝統の甘辛味にファンも多く、1日３０００食が売れることもあるそうだ。

Part 4

話題のスポットグルメ

コレド、三越、マンダリンなど巨大ビルのお店

大通りに並ぶ巨大ビルは、日本橋のもうひとつの顔。
名門デパートのなかにある本格イタリアンから、
ホテルに入る見晴らし最高のダイニングまで、
話題のスポットには、特別な食体験が待っています。

※日本橋エリアの「大マップ」はP8〜9をご確認ください

日本橋は、ビルが面白い

→コレド室町3の「橋楽亭」では、着物のレンタルと着付け体験ができる。着付けはプロが行うので、着崩れの心配は無用。詳細は、日本橋案内所または新日屋（☎03-5652-5403）まで

江戸時代、大商人たちの商いの中心地として、また魚河岸の街として、江戸の台所を支えた日本橋。その歴史ある街が今、大きく変わっています。とくに三越界隈のビルの中に魅力的な店やスポットが多数出現しているらしい。そんな噂を聞きつけた新しモノ好きのクガヤマダムことライター**中川知春**（以下、**中**）と編集**H**さん（以下、**H**）が、"東京でいちばん刺激的な街・日本橋"を徹底調査して参りました。

近代的なビルの中に日本橋の魅力がぎっしり

まず向かったのは、『**日本橋案内所**』。銀座線三越前の改札を出てすぐ、コレド室町1の地下1階というロケーションは、散歩のスタートに立ち寄るにもちょうどいい。こちらでは、コンシェルジュが常駐し、近隣のイベントや通な観光情報を教えてくれるのだとか。大きなマップもあるのでわかりやすいし、併設する物販コーナー「タクミ ショップ」には、日本橋土産が盛り沢山。日本橋の老舗店の商品が一堂に会している。

中「ん？ いい匂いがします」

見回すと、店内奥のカウンターで何か食べている人がいる。「**IP**《イッ》**PIN**《ピン》 **CAFE**《カフェ》」と名付けられたこのスペースでは、ここでしかいただけない日本橋の老舗とのコラボメニューを用意。3種類あるクラフトビールも芳醇《ほうじゅん》な味わいで、軽く飲んだり、小腹を満たすのにもってこい。

日本橋案内所 IPPIN CAFE《イッピンカフェ》

老舗とのコラボに注目

コレド室町1の地下にある日本橋案内所に併設。榮太《えいた》樓總本舗《ろうそうほんぽ》の和菓子、森乃園《もりのえん》のほうじ茶など、日本橋ゆかりの老舗とタイアップしたオリジナルメニューが楽しめる。

東京都中央区日本橋室町2-2-1コレド室町1-地下1階／☎03-3242-0010／休施設に準ずる

日本橋おつまみセット 900円（ビールとセット価格）

↙にんべんの醤油を使ったイカのぽっぽ焼き。甘く香ばしいクラフトビールに良く合う

甘味もありますよ。

休日には、コレド室町3にある、行列のできる人気和菓子店、『鶴屋吉信《つるやよしのぶ》 東京店』も調査。その味のレベルだけでなく、今回は眺めの良さもチェック。ビルの1階ながら、ガラス張りの店内からは外の景色が良く見える。

H「窓際に座ると、日本橋三越、コレド室町1〜2、三井本館などのビルが一望できます」

中「買い物好きの私にとって、この通りこそが〝ザ・日本橋〟の景色。あ、三越のライオンも見えますよ」

もちろん生菓子もあんみつも、しっかり堪能。大層美味しゅうございました。

レンタル着物を着て日本橋を散策する

日本橋では、大小さまざまなイベントが行われている。その中で、注目なのは、着物のレンタルと着付け体験。コレド室町3内にある『**橋楽亭**《きょうらくてい》』では毎週土曜に実施されており、前日までに申し込みをしておけば5500円でプロが着付けしてくれる。しかも10時半から18時の間であれば、着物姿で外に出ることも可能だ。種類も女性用、男性用、子ども用と豊富に揃っている。夏の頃には涼しげな浴衣を着て、日本橋から浅草あたりまで行くひとも多いとのこと。

牡蠣場《かきば》
北海道厚岸《あつけし》
コレド室町店

→ランチ定食は仕込み分がなくなり次第終了。↓M、L、LLの3サイズのカキを楽しめる。今回は焼きガキで注文

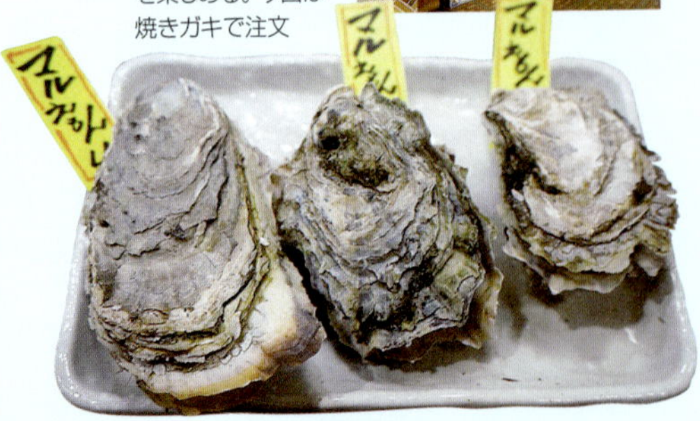

マルえもんの食べ比べセット 1188円

絶品カキをお好みの調理法で

毎朝直送されるブランドガキ〝カキえもん〟や〝マルえもん〟を、生、蒸し、焼きなど好みの調理法で1個から注文できる。テーブルに備えつけられた酒燗器《しゅかんき》で日本酒を楽しむのもオツ。

東京都中央区日本橋室町2-3-1コレド室町2-1階／☎03-6262-3144／休施設に準ずる

中「着物も帯もこんなにたくさん。わあ、バッグと草履《ぞうり》まで借してくれるんですね。手ぶらで行けちゃうのがいいですね」

H「レンタル中は、靴や洋服を預かってくれるのもありがたい。気軽に着物姿を楽しめます」

情緒ある日本橋の街並みを和服でぶらり。散策がもっと楽しくなること請け合いです。

小腹が空いた私たちが次に向かったのは、オープン以来行列が絶えないコレド室町2にある『**北海道厚岸《あっけし》**』。ディナータイム開始直後の16時に訪れるも、予約で満席！　しかし、

店員「18時まででよろしければ、お席をご用意できますよ」

きゃ〜、優しい。

中「さすが北海道のブランドガキ。大粒でプリプリした食感がたまりません」

H「カキフライも外側サクサクで、中はミルキー。絶品です」

日本酒にもワインにも良く合うカキ料理。1時間という短時間にもかかわらず、思わず泥酔しそうになりました。隣には、名酒、八《はっ》海山《かいさん》などが飲める日本酒Bar、『八海山　千年こうじや』もある。このゾーン、酒好きにはかなり魅惑的。散歩の途中に立ち寄るなら、飲みすぎには注意しましょう。

好奇心と食欲をそそられるグルメ系の実演販売もまた、日本橋エ

煎り酒 540円

↑休日の試食ブースの前は、かなりの混雑ぶり。→和モダンな店内。←煮切った日本酒に鰹・昆布だし、自社製の魚醤《ぎょしょう》を加え、梅酢でさっぱりした味に

茅《かや》乃《の》舎《や》

味も使い方も確認できる

店頭から漂ういい匂いの正体は、だしパックで煮出しただし汁や、江戸時代の調味料〝煎《い》り酒〟を使った試食料理だ。珍しい調味料も、目と舌で魅力を確認できるのが人気だ。

東京都中央区日本橋室町1-5-5コレド室町3-1階／☎03-6262-3170／休施設に準ずる

リアの魅力だ。日本橋三越の『榮太樓總本鋪《えいたろうそうほんぽ》』では、店頭で職人がその日作り上げた金鍔《きんつば》やだんごを購入できるし、『山本山 日本橋本店』では最高級の海苔やお茶の試食を実施。だしパックで人気の『**茅乃舎**《かやのや》』でも、常時店内のテストキッチンで、おすすめ商品の調理実演と試食を行っている。

中「試食は何種類もあって美味しそう。一流の味がタダでお試しできるなんて、お得ですよね」

H「中川さん、試食したものは全部、買っていたじゃないですか。旨いものには、ホント弱いですよね」

ううう、そうなんです。あまりに美味しくて財布の紐《ひも》がつい……。実演販売の誘惑には、いつも負けてしまいます（涙）。

昭和4年に建てられた**三井本館**には、様々な企画展を行う三井記念美術館がある。そこに併設された『**ミュージアム カフェ**』は、美術館の奥まった場所にあるため、土日でも比較的空いてる隠れ家的スポットだ。季節の御膳やそばなどの食事のほか、あんみつなどの甘味も充実。美術館に入館せずとも利用できるのも嬉しい。お茶した後は、隣接するミュージアムショップでお土産を探すのもおすすめだ。

百貨店の屋上は極上の休憩スポット

日本橋を渡り、『**日本橋髙島屋**』を目指す。

三井本館 ミュージアム カフェ

ほっこりできる静かな空間

日本橋の中心エリアにありながら、比較的空いている穴場的カフェ。軽食のほか、甘味メニューが充実しており、わらび餅や生菓子のほか、パフェやあんみつも旨い。静かに過ごせるので、散歩のひと休みに。

東京都中央区日本橋室町2-1-1 三井本館7階／☎03-3548-1050／休月（祝の場合は翌火休）

鴨そば いなり寿司（2貫）付き 1180円

↑だしが香るそばは、鴨肉も柔らかく本格的な味。ボリュームにも満足。
←（上）三井本館にある美術館入口は、隣接する三井タワー1階にある。（下）美術館フロアの静かな店

H「何度見ても、天下の日本橋の上を通る首都高は、いただけないですね」

中「確かに。最近は日本橋の各所で、首都高を別の場所に移す嘆願のための署名運動が行われているようですよ。わたしも帰りに署名せねば」

なんて話している内に、髙島屋に到着。デパ地下でお弁当を買い込み、国の重要文化財にも指定されているレトロなエレベーターでお目当ての屋上へ。

中「あ〜、気持ちイイ」

屋上は庭園になっており、テーブルや椅子もたくさんある。静かで広々。天気の良い日には、お弁当を食べたり、休憩するのにもってこいのスポットだ。カフェもあるので、コーヒーや軽食も楽しめる。

H「庭園の他にも園芸店があり、長時間いても飽きないです」

今回の散歩で強く感じたのは、日本橋のビルには〝おもてなし〟精神が溢れているということ。紹介した髙島屋の屋上だけでなく、3つのコレド室町やコレド日本橋、日本橋三越など、他のビルでも休憩スポットが多数用意され、さらにイベントや試食販売なども充実している。

日本橋のビルは今、新しさと旧さを融合した、オンリーワンな刺激に溢れています。お天気がよい休みの一日、日本橋に遊んでみるのはいかがでしょう。

日本橋髙島屋
トップアイランド

心地よい風が抜ける屋上庭園

四季折々の花や緑が楽しめる庭園のほか、軽食を提供するカフェや園芸店などが並ぶ。2010年からは夏期になると毎年、ビアガーデンがオープン。日本橋の夜景とビールを楽しむ人々で賑わう。

東京都中央区日本橋2-4-1／
☎03-3211-4111／
休施設に準ずる

↑暖かな日差しが降り注ぐウエストパークエリア。→（上）昭和8年の建築。百貨店として日本初の重要文化財に指定された。（下）都心には珍しいペット可のエリアを擁する屋上

サーロイン香り醤油ステーキコース 6264円
2

国産牛ロースしゃぶしゃぶコース 5184円
1

1.しゃぶしゃぶは肉やふんだんな野菜からとったスープでいただくため、肉の旨みを一層引き出している。あっさりしたロース肉に野菜、前菜やサラダ、麺、香の物、デザートが付く　2.120グラムあるステーキを、醤油を効かせたソースで香り高く仕上げ。前菜やサラダ、デザート付き

大マップ B-2

ざくろ 室町店

ざくろ むろまちてん

和食

03-3241-4841

高級店ならではの贅沢な味

関東で初めてしゃぶしゃぶを紹介した老舗が、モダンな雰囲気の店として進出。幅広い価格のコースを用意している。やはりいちばん人気はしゃぶしゃぶ。比較的リーズナブルなメニューでも肉質の良さを実感できるのは、歴史ある店だからこそ。鹿児島県産北さつま牛を使ったステーキは繊維が柔らかな赤身にほど良くサシが入り、値段以上の満足感を得られることうけあいだ。

東京都中央区日本橋室町2-2-1 コレド室町1-4階／営11時～14時半L.O.、17時～21時半L.O.、土・日・祝は通し営業／休施設に準ずる／席計80席／個室のみ喫煙できる／カード可／予できる／サ10%別※ディナータイムの個室利用は15%／交地下鉄銀座線、半蔵門線三越前駅A6番出口直結

その他のメニュー／ドリンク

昼:お好み和定食2700円　夜:黒毛和牛しゃぶしゃぶコース9180円、アスパラ豆腐648円
■ビール:生756円　焼酎:グラス756円～　ワイン:グラス864円　日本酒:1合756円～

1.内容は仕入れによって変わる。魚は全国13カ所の漁師からの直送。中には、その日の朝に水揚げされたばかりの旬の鮮魚も　2.桜海老をたっぷりのせて香ばしく炊き上げた逸品　3.半身でもゆうに3～4人前はあろうかという特大サイズ

和食

日本橋《にほんばし》 墨之栄《すみのえ》

大マップ B-2

03-3548-9917

今朝獲れ鮮魚と原始焼きの干物

江戸初期から続く老舗仲卸直営の居酒屋。宮崎や三陸など全国各地の漁場から届く旬の鮮魚を並べている。はじけるような歯ごたえの刺身は、まさに絶品。また炭火の周りで串刺しにした干物を焼き上げる「原始焼き」も名物のひとつで、煙に燻されることなく、魚本来の旨みを楽しめる。都内ではここでしか飲めない「天狗舞蔵出し生酒」（750円）と共に酔いしれたい。

東京都中央区日本橋室町2-2-1 コレド室町1-2階／営11時～14時、17時～23時、土・日・祝11時～15時、17時～22時半／休施設に準ずる／席計152席／夜のみ喫煙できる／カード可／予できる／サなし、お通し代518円別／交地下鉄銀座線、半蔵門線三越前駅A6番出口直結

その他のメニュー／ドリンク

昼：名物 原始焼き御膳1100円
夜：巨大ほっけの一夜干し半身2052円、鯛茶漬け1026円 ■ビール：中瓶702円　焼酎：グラス518円～　ワイン：グラス540円～　日本酒：1合561円～

2 鰻まぶし 3348円

1 鯛めし御膳 2808円

1.鯛の骨を焼いてじっくり煮こみ旨みを凝縮したダシを、鯛めしへたっぷりそそいで食べる。前菜三種、焼き魚、茶碗蒸し、香の物、デザート付き
2.宍道湖の鰻を蒲焼きに。まずはそのまま、2膳目は薬味と、3膳目は茶漬け風に

大マップ B-3

松江の味 日本橋 皆美

まつえのあじ にほんばし みなみ

和食

☎ 03-3274-0373

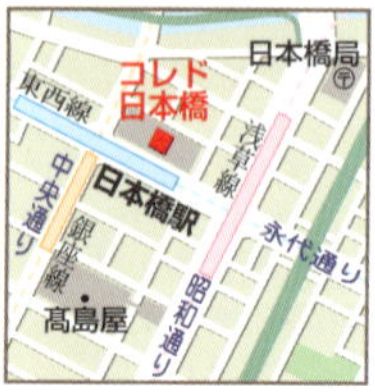

松江の名物料理「鯛めし御膳」

本店は島根県松江市にある創業百十余年の老舗旅館『皆《みな》美《み》館《かん》』。看板メニューは「皆美家伝鯛めし御膳」。松江藩七代藩主・松平不昧《ふまい》公が自ら愛好した「そばの具」と「汁かけ」を混用し、日本風の御殿料理にしたのが始まり。その料理法を伝承した創業当時の板長により、現在まで伝えられている。昼は鯛めし御膳（2808円）、夜は鯛めし会席（7020円～）をぜひ。他に単品料理も充実している。

東京都中央区日本橋1-4-1 コレド日本橋4階／営11時～15時（14時半L.O.）、17時～23時（21時半L.O.）／休施設に準ずる／席計80席／昼のテーブル席のみ禁煙／カード可／予できる／サ昼の個室利用と夜は10%別／交地下鉄銀座線、東西線日本橋駅B12出口からすぐ

その他のメニュー／ドリンク

昼：割り子そばと天ぷら御膳1728円　夜：コース4860円～、鯛のあら炊き1944円　■ビール：生グラス896円　焼酎：グラス702円～　ワイン：ボトル4104円　日本酒：1合831円～

炙り金目鯛 648円
2

葵 2700円
1

1.中とろ、うに、いくら、甘えびに加え、その時季におすすめの白身や光り物など全9カン。生の本鮪の中とろは、甘く口の中でとろける　2.下田沖で漁獲された金目鯛のにぎり。身はふっくらとして脂ののりが抜群だ。表面にはさっと焼き目と、特製醤油がつけてある

寿司

紅はし
くはし

大マップ B-3

デパ地下でみつけたこれぞ〝口福《こうふく》〟な寿司

食品フロアの一画にある、こぢんまりとした店内はL字型のカウンターのみ。少ない席数ながらもにぎり手を二人配し、お客との対話を大切にしている。ネタは毎日築地から仕入れ。昆布〆のヒラメや皮目だけを軽く炙った金目鯛、希少な海老〝天使の海老〟など、いずれもシャリとのなじみがよく、小気味いい味わい。にぎりのネタは、要望に応じて刺身にもしてくれる。

☎ 03-3276-7070

東京都中央区日本橋室町1-4-1 日本橋三越本店本館地下1階／営11時～19時L.O.／休施設に準ずる／席カウンターのみ7席／全席禁煙／カード可／予不可／サなし／交地下鉄銀座線、半蔵門線三越前駅A6番出口から徒歩1分

その他のメニュー／ドリンク

昼夜：日本橋（中とろ、白身、やりいか、いくら他全8貫）2160円、旬のにぎりセット（全10貫）5184円、お好みにぎりは、天使の海老756円など　■ビール：小瓶500円　日本酒：180㎖ 900円～

カラマラータ 甲イカとトマト パプリカ ズッキーニ 1836円

2

3

5種類のトマトサラダ 赤玉葱のピクルス チェルビアの海塩 2052円

1

1.5種類の国産トマトを使用。ラズベリービネガーとイタリア産の塩が、トマトの甘さを引き立てる 2.イカの輪切りのような形をしたパスタを、甲イカと色とりどりの野菜とともに味わう 3.ホテル最上階にある洗練された店内

大マップ B-2

オールデイダイニング ケシキ

イタリアン

0120-806-823

ホテル最上階で食すイタリアン

ホテルの最上階に位置し、抜群の眺望と伝統的なイタリア料理が堪能できる。洗練された大人のビジネスランチには、前菜、週替わりのパスタまたはリゾット、デザートが付く「ワントレイセット」(3132円) が人気。夜のコースは5940円から楽しめる。前菜にスープ、パスタ、メイン、デザートの全5品で選択肢豊富なプリフィックススタイルだ。その他、アラカルトメニューも充実の品揃えだ。

東京都中央区日本橋室町2-1-1 マンダリン オリエンタル 東京38階／営6時半～23時※ランチは11時半～17時半、ディナーは17時半～23時／休無休／席計100席／全席禁煙／カード可／予できる／サ13%別／交地下鉄銀座線、半蔵門線三越前駅A7出口から直結

その他のメニュー／ドリンク

昼：「イル・カーポ」4品のランチコース4104円　昼夜：牛肉 仔牛肉 豚肉の入ったシェフ・ダニエレ特製ラザーニャ2160円
■ビール：グラス1296円～　ワイン：グラス1296円～

2
ズワイガニのクロケッタ トリュフとビーツ香るマヨネーズ
(4104円～のプリフィクスで選べる前菜の1つ)

1
65℃で調理した鴨胸肉のタリアータ 蜂蜜の香りと日向夏と共に
(4104円～のプリフィクスで選べる前菜の１つ)

1.蜂蜜と塩でマリネした鴨胸肉にゆっくりと火を入れ、柔らかく仕上げた。蜂蜜の奥深い甘さに、日向夏の酸味と渋みが爽やかなアクセント 2.ズワイガニのコロッケは、竹の炭を纏わせてトリュフに見立てている。ソースは香り豊かなトリュフとビーツで仕上げ、ホワイトバルサミコ酢を効かせたもの

イタリアン 代官山ASO チェレステ 日本橋店

だいかんやまあそ ちぇれすて にほんばしてん

大マップ B-3

☎ 03-3243-1820

味も雰囲気も値段以上の価値ある店

多くの美食家を魅了してきた代官山「リストランテASO《アソ》」の味をカジュアルに楽しめる店。旨みの強いイベリコ豚など厳選素材を用いたイタリアンは、塩味のしっかり利いた本格派でセンスのよさが光る。平日ランチには2160円からシェフお薦めコース7020円まで幅広いメニューを用意。白を基調とした洗練された空間も相まって、ビジネスに記念日にと様々なシーンで使える。

東京都中央区日本橋室町1-4-1 日本橋三越本店新館10階／営11時～16時L.O.、17時半～20時半L.O.、12月31日と1月2日は～18時／休1月1日／席計60席／喫煙席なし／カード可／予望ましい／サ昼夜とも10%別／交地下鉄銀座線、半蔵門線三越前駅A7出口から徒歩1分

その他のメニュー／ドリンク

昼：ランチコース2160円（平日限定）、4104円、5400円　夜：ディナーコース4320円（平日限定）、5184円、7020円、8640円
■ビール：982円　ワイン：グラス810円～、ボトル5400円～

1.海老や椎茸などを、オイルと秋田のしょっつる（魚醤）で風味豊かに煮込んだ一品。パンを浸して食べたい　2.（左）爽やかなエールに山椒が香り立つ。（中）フルーティさの後に苦みが広がる。（右）麦の甘みと香りが豊か　3.鶏の胸肉を、サクッと軽いビール衣で揚げた

大マップ B-3

クラフトビアマーケット 三越前店《くらふとびあまーけっと みつこしまえてん》 ビアバー BAR

03-6262-3145

日本各地の個性派ビールがずらり!

全国のブルワリーから選りすぐったクラフトビールを、樽生で常時約30種類揃える。グラス（250mℓ）480円、パイント（473mℓ）780円均一という安さに加え、新しい銘柄が毎日更新され、ビール好きにはたまらない。料理は、各地の郷土料理をビールに合うようアレンジ。衣にビールを使った「チキン南蛮」（980円）や、深川めしの洋風版「深川リゾット」（1200円）などが人気。

東京都中央区日本橋室町1-5-5 コレド室町3-1階／営11時～14時（13時半L.O.）、17時～23時半、土・日・祝は11時～23時半／休無休／席計40席／全席禁煙／カード可／予可／サなし／交地下鉄銀座線、半蔵門線三越前駅A6番出口すぐ

その他のメニュー／ドリンク

昼：ビールカレー900円（平日限定）　夜：黒ビールでラフテー750円、茄子のチーズ田楽900円　■ビール：グラス480円、パイント780円　日本酒：100mℓ 650円

盛岡練り出し手打冷麺
1080円
2

房家6種盛 6890円
1

1.その日のおすすめ希少部位が揃う。写真は、細やかにサシが入った「はねした」、リブロースの周りにあるジューシーで旨み溢れる「リブカブリ」など6種類。内容は仕入れにより異なる　2.強いコシの秘訣は馬鈴薯澱粉と小麦粉の独自ブレンド。和牛や地鶏、野菜などからとるスープやキムチと合わさり、三位一体の旨さを味わえる。ランチは900円

焼肉

和牛一頭焼肉 盛岡手打冷麺 房家《わぎゅういっとうやきにくもりおかてうちれいめん ぼうや》

大マップ B-2

一頭買いだからこその値段と肉質

本郷の人気店が満を持して出店。約15年前の開業から当時では全国でも珍しかった和牛の一頭買いを先駆けて行ってきた。競りにも足を運び、最上の牛肉を仕入れるための努力は常に惜しまない。肉の種類は極めて豊富で40部位以上も揃い、サシの入り方や柔らかさなど、それぞれ違った味わいを楽しめる。シメには強いコシが自慢の「盛岡練り出し手打冷麺」を堪能あれ。

03-6225-2347

東京都中央区日本橋室町2-2-1 コレド室町1-3階／営11時～14時半L.O.、土11時～15時L.O.、17時～23時L.O.、日・祝は11時～15時L.O.、17時～22時半L.O.／休施設に準ずる／席計46席／平日ランチは禁煙／カード可／サ5%別／交地下鉄銀座線、半蔵門線三越前駅A6番出口直結

その他のメニュー／ドリンク
昼：和牛肉飯御膳1000円　夜：カルビ1058円、ハラミ1490円、上タン1382円　■ビール：生626円　焼酎：グラス540円　ワイン：グラス540円　日本酒：300mℓ 1296円

春の和風ぽとふ
360円

2

かつお節だし
（トマト仕立て／クリーム仕立て／みそ仕立て）
各150円

1

深川汁
360円

3

メニューの一例　1.カツオだしをベースにした、和洋折衷の3種類のだしスープ。14時～19時に提供　2.キャベツと鶏肉の旨みがカツオだしと好相性。11時～14時に提供　3.アサリとゴボウの旨みを、赤味噌と八丁味噌が引き立てる。11時～14時に提供　※2と3の内容は月替わり

大マップ B-2

NIHONBASHI DASHI BAR

にんべん 日本橋本店 日本橋だし場 だしバー BAR

にんべん にほんばしほんてん にほんばしだしばー

削りたて、ひき立ての一番だしを手軽に

創業310余年の鰹節専門店。本枯鰹節削りの実演販売を行うほか、つゆの素や削りぶしなどの定番商品、日本橋土産まで販売している。店内に併設された「日本橋だし場」では、削りたての本枯鰹節からとる「かつお節だし」（100円）に加え、ランチタイムには汁物や惣菜、「かつおぶしめし」（150円～）などをテイクアウトできる。日本人の味覚に訴えかける旨さに、思わず感激してしまう。

☎ 03-3241-0968

東京都中央区日本橋室町2-2-1 コレド室町1-1階／営10時～20時（「日本橋だし場」の営業は19時まで）／休施設に準ずる／禁煙／カード可／予不可／サなし／交地下鉄銀座線、半蔵門線三越前駅A6番出口直結

その他のメニュー／ドリンク

昼：鯛めしだし茶漬け360円（11時～14時提供）、彩りだし御膳880円（11時より数量限定販売）
昼夜：かつお・昆布合わせだし100円、おやつセット（ぬれおかき+おだし）200円

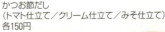

宇治金時 1188円

お抹茶と季節の生菓子 1296円

1.かき氷は繊細な口どけ。爽やかな苦みの抹茶みつがたっぷりかけられ、優しい甘さの小倉餡とのハーモニーが絶妙。5月～8月の期間限定メニュー 2.カウンター席では職人が目の前で生菓子を作ってくれる 3.抹茶は注文を受けてから点ててくれる。生菓子は月に2～3回意匠が変わる

和菓子・カフェ

鶴屋吉信 東京店

つるやよしのぶ とうきょうみせ

大マップ B-3

☎ 03-3243-0551

江戸時代から続く老舗の新提案

1803年創業、京の老舗和菓子店の東京店。カウンター席は「菓《か》遊《ゆう》茶《ぢゃ》屋《や》」と名付けられ、菓子職人が注文に応じて和菓子を手作り。つくりたての生菓子と丁寧に点《た》てた抹茶が味わえる。生菓子は、月替わりで3種類。どれもしっかり甘みがありながら、舌にしつこく残らない品のよい味わいだ。店内奥の「京茶房」では、あんみつやかき氷、東京店限定のパンケーキ、食事が楽しめる。

東京都中央区日本橋室町1-5-5 コレド室町3 1階／営10時半～19時半L.O.※ショップは10時～21時／休1月1日／席菓遊茶屋：カウンター7席、京茶房：テーブル2席×8卓、4席×3卓 計35席／全席禁煙／カード可／予不可／サなし／交地下鉄銀座線、半蔵門線三越前駅A4番出口すぐ

その他のメニュー／ドリンク

昼夜：TSURUYAパンケーキ1404円、宇治しぐれ1296円、季節のあんみつ1188円、ところてん864円、抹茶パフェ1080円、TSURUYA弁当1620円

【ハヤシライス】

明治期の従業員の夜食が現代の名物ライスに

→とろりとした食感に、濃厚な野菜の甘みと、淡い酸味が後に残り、クセになる味（1030円）

↑丸善創業者の早矢仕有的

←明治3年に開業した当時の日本橋店。以来、世界の書籍や洋装品などの文化を日本に紹介してきた
モノクロ写真提供／丸善株式会社

丸善カフェ（丸善・日本橋店）

東京都中央区日本橋2-3-10-3階／☎03-6202-0013／休元日

ハヤシライスの発祥を辿れば、それは意外にも日本を代表する書店の「丸善」だった。和洋折衷の料理の生みの親は、明治2年に同社を創業した、その名も早矢仕《はやし》有的《ゆうてき》。幕末の医師であり、また福沢諭吉の門下生でもあった。

「当時、従業員たちの滋養のためにとふるまった夜食などが〝早矢仕ライス〟の始まりだと言われています」（丸善・小方岳人《おがたたけと》さん）

同社の百年史には『有り合わせの肉類や野菜類をゴッタ煮にして、飯を添えて（略）』という記録がある。書籍ばかりでなくヨーロッパの雑貨や医薬品などを積極的に輸入した早矢仕らしい、独創的な料理と言えるのかもしれない。

戦後、丸善日本橋店の屋上にゴルフの打ちっぱなし場が作られたとき、軽食として供され評判となった。それがきっかけとなり、今も書店併設のカフェの名物となっている。

Part 5

洋食系

洋食、フレンチ、イタリアンなど

文明開化の気風が、いちはやく伝わった日本橋。
明治以来の伝統が息づく老舗洋食店から、
ビストロやピッツェリアといったカジュアル店まで。
ちょいと洒落た感じが、日本橋の流儀です。

※日本橋エリアの「大マップ」はP8〜9をご確認ください

2 ハンバーグライス 950円

海老フライ盛合わせライス 1100円

1

1.海老フライのほかに、コロッケ、ホタテフライ、ひと口カツ、白身（カレイ）フライが盛合された大満足の逸品　2.3日間のかけたデミグラスソースを惜しげもなく使った特製ソースがなんともいえずかぐわしい、ジューシーなハンバーグ

大マップ
D-3

小春軒

こはるけん

洋食

03-3661-8830

いまも行列ができる明治45年創業の老舗

創業は明治45年。看板に銘うたれた「西洋御料理」という響きとともに、山縣有朋《やまがたありとも》のお抱え料理人だった初代の古き良き〝洋食〟を守り続けている。老舗でありながらリーズナブル価格なので、ランチタイムに近隣のビジネスマンやOLが列を作る。夜は比較的空いているときもあり、お酒を飲まない人や女性のひとり客もいて、ゆったりとした雰囲気の中で料理を楽しめるので狙い目だ。

東京都中央区日本橋人形町1-7-9／営11時～14時、17時～20時（土は昼のみ営業）／休日、祝、土曜不定休／席テーブル16席、カウンター3席／予できない／交地下鉄日比谷線人形町駅A2徒歩1分

その他のメニュー／ドリンク

昼夜：メンチカツライス800円、オムカレー900円、カツ丼（汁、新香付）1300円など
■ビール：小瓶500円、大瓶700円　ワイン：ボトル1600円

ビーフカツ（ライス、豚汁付き）1800円

1

ミートオムレツ（ライス、豚汁付）1100円

2

1.牛肉の旨みを軽いパン粉でカラッと揚げた、そよいち看板メニューともいえる逸品だ　2.強火でさっと仕上げたふわトロのオムレツ。ビーフカツ、ミートオムレツとも特製味噌で作る豚汁付きがうれしい

洋食

そよいち

大マップ D-3

03-3666-9993

名物のビーフカツは忘れられない味

こぢんまりとしたきれいな店内・厨房で腕をふるうのは、洋食の激戦区・人形町でもよく知られた女性シェフ。一品一品を手際よく調理していく穏やかな表情の奥に、職人然とした厳しい視線が光る。供される料理は、良い素材を丁寧に仕上げる、けれんやてらいを排した洋食の基本とでも言いたくなるもの。名物の「ビーフカツ」(1800円）は、味もボリュームも大満足間違いなしだ。

東京都中央区日本橋人形町1-9-6／営11時～14時半、17時半～20時／休日、第1、第3月曜／席カウンター15席／予できない／交地下鉄日比谷線人形町A2出口より徒歩1分

その他のメニュー／ドリンク

昼夜：ポークソテー1800円、ハンバーグ1150円、串カツ1100円（いずれもライス、豚汁付）　■ビール：中瓶600円、日本酒500円、ワイン：グラス400円

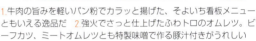

1

2

1.“オムライスといえばたいめいけん”と称される名品。ライスの上に玉子をのせる方式を一躍有名にした「タンポポオムライス伊丹十三風」（2800円）も人気　2.専門の調理場で、じっくり日にちをかけて作ったデミグラスソースのコクがほっこりするハヤシライス

大マップ C-3

たいめいけん

洋食

03-3271-2465

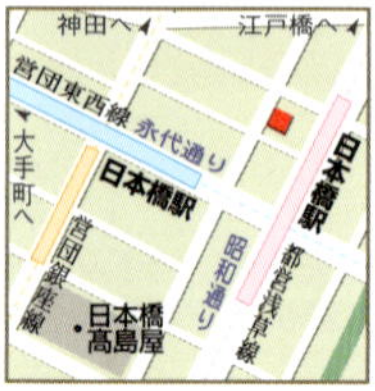

名物のオムライスで素晴らしい思い出を

日本橋、そして洋食の代名詞ともいえる名門。京橋「泰《たい》明軒《めいけん》」で修業した初代が、昭和６年に独立以来、再開発の波が激しい日本橋にあって、存在感を放ちつづけている。食堂風の造りでアラカルトを気軽に食べる１階、クラシカルな雰囲気でコース料理が楽しめる２階と、目的や予算に応じた使い分けが可能。名物のオムライスも数種あり、時代を超える魅力あふれるメニュー構成だ。

東京都中央区日本橋1-12-10／営11時～15時（14時L.O.）、17時～21時（20時L.O.）／休日、祝／席計74席／全席禁煙／カード可／予できる／サなし／交地下鉄銀座線、東西線、都営浅草線日本橋駅C2出口から徒歩2分

その他のメニュー／ドリンク

昼夜：コンソメスープ1400円、蟹クリームコロッケ2500円、ビーフシチュー3500円など　■ビール：生（小ジョッキ）750円　ワイン：グラス850円、ボトル2800円～

2

3

1

1.甘辛い照り焼きソースに、辛子マヨネーズが相性抜群。半熟卵のほか、ポテトサラダと野菜の浅漬けが付いてくる。セットのスープは＋100円で豚汁にできる　2.生産者の顔の見える素材の旨みを存分に味わう　3.甘酒横丁交差点の近くにある広々とした店だ

洋食・肉料理

にんぎょう町 谷崎《にんぎょうちょう たにざき》

大マップ D-3

03-3639-0482

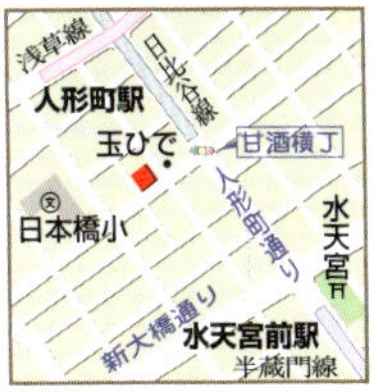

肉の旨みが堪能できる料理が揃う

文豪・谷崎潤一郎生誕の地にある、しゃぶしゃぶ専門店。ランチタイムに供されるハンバーグやポークソテーなども大人気。使用する肉は信州豚と、厳選して仕入れる黒毛和牛。しゃぶしゃぶのお薦めの食べ方は、江戸野菜でもある千寿葱をたっぷりとお肉に巻いて昆布だしをくぐらせ、岩塩と黒胡椒でいただくスタイル。〆には肉の旨みが沁み込んだスープで作るラーメンが絶品だ。

東京都中央区日本橋人形町1-7-10 1階／営11時～14時、17時～22時、土11時～14時半、17時～21時／休日、祝、第3土／席計48席／ランチ時禁煙、カウンターは終日禁煙／夜のみカード可／予夜は予約できる／サなし／交地下鉄日比谷線人形町駅A2出口から徒歩1分

その他のメニュー／ドリンク

昼：冷しゃぶ定食1000円　夜：ローストビーフ（小）880円、黒毛和牛のいちぼステーキ1950円　■ビール：680円　焼酎：グラス600円～　ワイン：ボトル3000円～　日本酒：670円～

1.名称は「ランチ」だが、夜もあるメニュー。エビフライ、クリームコロッケ、ハンバーグ、豚ロース、目玉焼き、ポテトサラダにライスが付く　2.「洋食弁当」は2種類あり、写真はエビフライ、クリームコロッケ、ハンバーグ、サラダにライスが付く　3.2階の畳座敷に整然と並ぶ座卓が独特の雰囲気

大マップ E-3

芳味亭

ほうみてい

洋食

03-3666-5687

食通たちに愛された伝統のレシピ

昭和８年の創業以来、芸妓衆や歌舞伎役者、作家の向田邦子らから愛された老舗。観光客で賑わう大通りの喧騒《けんそう》から逃れるように、路地裏にひっそりと息づく日本家屋の佇まいに魅了されるファンも多い。ランチで人気の「洋食弁当（上）」（2400円）は、自慢のデミグラスソースを使ったビーフシチューや揚げ物など店の名物が入る。畳座敷の座卓でいただくのが風情ありだ。

東京都中央区日本橋人形町2-9-4／営11時～15時（14時L.O.）、17時～21時（20時15分L.O.）／休日／席テーブル4席×2卓、座敷4席×1卓、座敷5部屋　60席／禁煙席なし／カード不可／予できる／交地下鉄日比谷線人形町駅A1出口から徒歩1分

その他のメニュー／ドリンク

昼夜：カレーライス1100円、ビーフスチュー2500円、タンスチュー2500円。コースは6種類（4300円～）　■ビール：小瓶550円　ワイン：ボトル3700円～

2 A SET 1000円

1.厚切りにした豚肩ロースを約180gも使ったボリューム満点のひと品。甘辛い味付けがビールに合う 2.毎日こねる自慢のハンバーグは、冷凍しないので肉汁たっぷりでジューシー。デミグラスソースも奥深い味。エビフライも揚げたてが出てくる。ごはん、サラダ、スープ付き

1 ジンジャーポーク 1100円

洋食

洋食《ようしょく》 まつおか《まつおか》

大マップ E-2

日本橋で個性を発揮する新鋭レストラン

老舗ひしめく日本橋において、新しい店でながらファンを増やしている洋食店。フレンチを学んだオーナーシェフが夫婦で切り盛りする店内は、明るく活気に溢れ、女性ひとりでも入りやすい雰囲気だ。人気料理のひとつであるハンバーグは、シェフが丹精込めてこねあげた自慢の品。口の中にあふれる肉汁と、味わい深いデミグラスソースのハーモニーに思わず笑みがこぼれる。

03-3865-8805

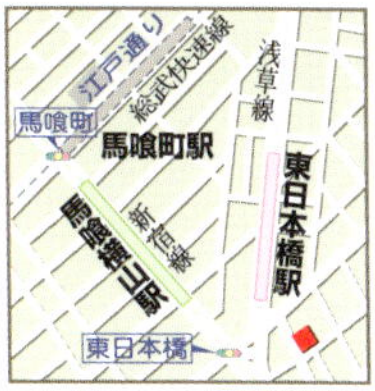

東京都中央区東日本橋1-2-16山添ビル1階／営11時半～13時45分、17時半～21時、土12時～13時半、17時半～20時／休日、祝、第1土／席計20席／全席禁煙／カード可／予夜のみ予約できる／サなし(お通し代なし)／交地下鉄都営浅草線東日本橋駅B1出口から徒歩1分

その他のメニュー／ドリンク

昼：カレーライス1050円など 夜：シーザースサラダ650円など ■ビール：グラス600円 ワイン：グラス600円～、ボトル3000円～

フォアグラ丼 1500円（夜1296円）
2

バヴェット（牛ハラミ）ステーキ
2160円
1

3

1.中はレアで驚くほど柔らか。飴色の玉葱の甘さとバルサミコ酢や生姜の軽やかさが際立つソースとよく合う　2.コクのある鴨のフォアグラと、コンソメあんかけを絡めたきのこ類が絶妙に調和。昼は野菜スープ、ミニサラダ、飲み物が付く　3.北欧アンティークテーブルや古木の椅子が温かな雰囲気を演出

大マップ E-3

イレール人形町《いれーるにんぎょうちょう》

フレンチ

日本の食材を使った気取りないフレンチ

人形町の裏通りにあるビストロ。オーナーシェフの島田哲也さんは仏の三ツ星店で腕を磨いた。フランス各地の郷土料理にひと工夫加えたり、ごぼうやシークヮーサーなど日本の食材を使うメニューも多い。野菜は契約農家などから仕入れた新鮮なもの。素材の魅力を引き出すよう、生クリームやバターは極力控え、軽やかな味わいに仕立てる。ビオワインも充実している。

☎ 03-3662-0775

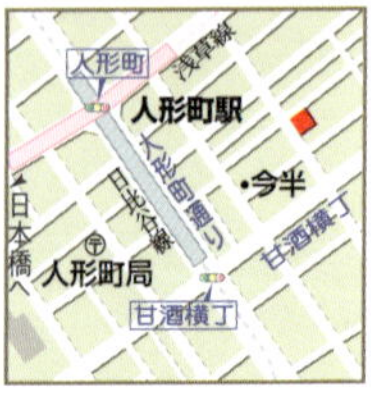

東京都中央区日本橋人形町2-22-2／営11時45分～15時（14時L.O.）、18時～23時（22時L.O.）／休日、第3月／席カウンター6席、テーブル2席×7卓、個室1室ほか　計32席／全席禁煙／カード可／予できる／サなし／地下鉄日比谷線、都営浅草線人形町駅A1またはA3出口から徒歩2分

その他のメニュー／ドリンク
昼：ラピッドランチ900円、ビストロランチ1500円　夜：彩り野菜のテリーヌ1296円、本日のお魚料理2592円など
■ワイン：グラス702円～、ボトル3780円～

1.牛肉のハンバーグ。網脂で包み、中はほんのりピンクのミディアム。自家製のデミグラスソースがたっぷり　2.実家のレシピをそのまま受け継ぐ味。ヒナ鶏を丸ごと仕入れ、ハーブと塩コショウで味付けてオーブンで焼き上げる　3.父直伝のレシピによるフワフワのキッシュ

フレンチ　カフェ シェ・アンドレ ドゥ・サクレクール

大マップ D-3

☎ 03-6228-1053

下町で評判のフランス家庭料理店

パリを思わせるフランス家庭料理の店。オーナー夫人の益川ロランスさんは、日本在住20年以上。老舗蕎麦屋を継ぐ夫の良雄さんと、2008年に店をオープンした。ロランスさんの両親がモンマルトルでカフェを営んでいたことから、メニューには実家のレシピなども再現。ほかにも新たに夫婦で考案した自慢の料理が揃っている。

東京都中央区日本橋人形町1-8-5／営11時～20時半（ランチタイムは14時半まで。カフェタイムは終日、ディナータイムは17時から）／休日、祝／席テーブル席52席、テラス席6席　計58席／全席禁煙／カード可（1万円以上のみ）／予夜のみ予約できる／サなし／交地下鉄日比谷線人形町駅A2から徒歩1分

その他のメニュー／ドリンク

昼：グラタンランチ1050円
夜：レンズ豆の煮込み700円、砂肝のコンフィ900円、ステーキフリット1800円　■ビール：生600円　ワイン：グラス600円、ボトル3200円～

1.ジビエを使った野性味溢れるハンバーグ。ジビエのフォン（ダシ）とマデラ酒のソースによる濃厚な逸品　2.猪モモ肉のパテドカンパーニュ、Nico風のポテサラ、江戸前穴子のエスカベッシュで構成　3.1階は臨場感のあるオープンキッチン

大マップ B-2

ジビエ&フレンチ Nico

フレンチ

ジビエ&フレンチ ニコ

03-3241-3399

ジビエのおいしさをとことん楽しめる

古来から日本で食されてきた野生動物の肉「ジビエ」。その豊かな食文化を享受できる。良質な肉の味を生かすべく、ハンターから直接仕入れたものを使用。フレンチ一筋の調理長が脂の量などの個体差を加味し、シンプルな炭火焼きから煮込み系まで、多彩な調理法で楽しませる。木の実や新芽ほか、自然の恵みを食べてきた猪や鹿などの肉の旨みには驚かされるばかりだ。

東京都中央区日本橋室町4-3-14／営17時～23時半(22時半L.O.) 土は16時～23時(22時L.O.)／休日祝／席〈1階〉カウンター8席、テーブル(樽席)3名×2卓、4名×1卓、〈2階〉テーブル4名×3卓、8名×1卓ほか　計53席／2階席は禁煙／カード可／予できる／サチャージ300円別／交JR総武快速線新日本橋駅1番出口より徒歩2分

その他のメニュー／ドリンク

夜：シャルキュトリー盛合せ1275円、蝦夷鹿もも肉のタルタル918円　■ビール：生594円　ワイン：グラス540円、ボトル2900円～

1.国産肉の美味しさを堪能できる炭火焼。不動の看板メニューだ　2.フランス語で〝火を通した肉〟を意味するソーセージ･ハムなどの肉の前菜、シャルキュトリー。すべてシェフ自家製

フレンチ

TRADITION 日本橋《とらでぃしおん にほんばし》

大マップ C-3

ココット料理と炭火焼きが人気

〝ココット〟と〝炭火焼き〟という、フランスと日本の伝統的な調理法で供する料理が自慢。とくに〝肉料理〟へのこだわりは素晴らしい。素材そのもののセレクトはもちろんのこと、肉本来の旨みを存分に引き出す調理法によってワンランク上の料理を提供している。グラスワインも驚くほど種類が豊富だ。クオリティ、ボリュームともに満足レベルのワインビストロだ。

☎ 03-6225-2403

東京都中央区日本橋1-17-4永田ビル1階／営17時～23時L.O.日･祝16時～22時L.O.／休無休／席計28席／全席禁煙／カード可／サなし、チャージ代500円別（パン付き）／交地下鉄銀座線、東西線、都営浅草線日本橋駅D2出口から徒歩1分

その他のメニュー／ドリンク

夜：フォアグラと鶏レバーのムース930円、自家製ソーセージ1280円、茨城県産のイモ豚の炭火焼2180円、20種の彩り野菜サラダ1350円など　■ワイン：グラス700円～、ボトル3150円～

フランス人の好きなモツ煮込み 864円

1

3

鮮魚のコトリアード 2160円

2

1.柔らかく煮込まれたモツに味がしみてワインが進む。前菜は全19種類すべて各864円で、今月のおすすめ3～4種類も用意（値段は時期により変わる）
2.使用する魚介は日替わりで写真はヒメダイ。生クリームと白ワイン、アサリの風味を効かせた漁師風の煮込み
3.天井が高く開放的な雰囲気

大マップ D-3

FRENCHIES

フレンチーズ

フレンチ

03-5643-3733

小皿充実の下町の優良フレンチ

本格フレンチを良心的な価格で味わえる。前菜の小皿料理はすべて864円で、常時19種類を用意している。おすすめの「フランス人の好きなモツ煮込み」（864円）は、ハチノス、センマイ、白インゲン豆をトマトソースで煮込んだひと皿。風味が独特なペルノー酒を利かせ、深みのある味わい。4104円のコースには本日の前菜５種おまかせ盛にメインディッシュ、デザート、パンが付く。

東京都中央区日本橋人形町1-9-2冨士ビル1階／営17時半～翌1時（23時半L.O.）、土・祝17時半～24時（23時L.O.）／休日／席計31席／全席禁煙／カード可／予するのが望ましい／サなし、夜のみアミューズ代420円／交地下鉄日比谷線人形町駅A2番出口から徒歩1分

その他のメニュー／ドリンク

夜：名物エイヒレのムニエル2041円、チーズおまかせ4種盛り1728円、デザート各種432円など　■ビール：生グラス648円　ワイン：グラス864円、ボトル3456円～

つぶ貝のエスカルゴバター 864円
2

ピザオルトレ 1404円
1

3 自家製ゴルゴンゾーラのキッシュ 810円

1.ソテーしたキノコや魚介、フレッシュトマトなどの旬の食材をたっぷりのせている。具材は日替わり 2.ソースには昆布茶をかくし味に加え、バターの風味と共に奥深い旨みを感じる 3.トロリとした優しい口当たり。自家製でほのかに甘いタルト生地との相性も抜群だ

イタリアン

トラットリア オルトレ

大マップ D-3

☎ 03-6661-6230

口どけのよい新食感のふわふわピザ

「新感覚で〝耳〟まで美味しく食べられる独自のピザを」と、オーナーシェフ・中里全宏《なかざとまさひろ》さんが試行錯誤の末に考案した生地はふっくらとした食感が特徴で、パンのように口どけがよい。前菜やパスタをはじめとした一品料理は、オリーブオイルやバターを控えめにすることで、どれも素材の滋味をいかした軽やかで優しい味わい。コスパのよいワインを片手に楽しみたい。

東京都中央区日本橋人形町1-4-10-1階／営11時～14時半L.O.、17時～22時半L.O.、土11時半～14時半L.O.、17時～22時半L.O.／休日、祝／席計24席／昼は全席禁煙、夜は喫煙できる／カード可／予できる／サなし（ドリンクのみの場合はお通し代324円別）／交地下鉄日比谷線、都営浅草線人形町駅A6出口から徒歩1分

その他のメニュー／ドリンク

夜：マッシュルームのじゅうじゅう焼き702円、オルトレのラザニア864円、ニンニクとアンチョビのペペロンチーノ864円など ■ビール：生648円 ワイン：グラス486円～

ブリオッシュ 400円
2

ランチセット ピッツァ マルゲリータ 980円
1

1.イタリア産の小麦粉を使い、石窯で焼くピザはもちもち。サラダまたは週替わりスープまたは小鉢付き　2.自家製のジェラートも豊富にあり、好きな種類をパンに挟んで食べるデザート「ブリオッシュ」は女性に好評だ

大マップ E-3

PIZZA DA BABBO《ピッツァ ダ バッボ》

イタリアン

☎ 03-3666-2777

イタリア直輸入の薪窯で焼く本場の味

もちもちの食感のピッツァやパスタのほか、魚介や野菜などを使ったアラカルトなどイタリアンの豊富なメニューが揃う。イタリア各州のワインを数多く揃える本格的イタリア料理店だ。それでいて、おつまみ感覚でオーダーできる小皿料理も640円からラインナップされており、気軽に立ち寄ってピッツァなどをつまみに、ワインを楽しみたい店だ。

東京都中央区日本橋人形町2-21-1 FSビル1階／営11時半～14時L.O.、18時～22時L.O.／休月／席計34席／全席禁煙／カード可／予するのが望ましい／サ夜のみ席料300円別／交地下鉄日比谷線人形町駅A1番出口から徒歩1分

その他のメニュー／ドリンク

昼：ランチコース1700円など　夜：ボンゴレビアンコスパゲティー1350円、ピッツァサルシッチャ（R）1620円　■ビール：生680円　ワイン：グラス650円～

1.サラダや前菜、メインからデザートにいたるまで、ホテルならではの上質な料理がならぶブッフェ（ランチ（平日）3240円、（土、日、祝）4320円、ディナー（土、日、祝）6480円）
2.熟練シェフの実演が目の前で堪能できる実演サービス「ライブキッチン」

ダイニング

コーヒーショップ シンフォニー

大マップ E-4

03-3667-1111（代）

厨房内の様子が見られる「ライブキッチン」

洋食を中心に、45種類の料理が並ぶブッフェは、毎月内容が変わる。ブッフェ中央には常時シェフが待機し、オムレツやローストビーフなどをその場で調理し提供してくれる。ハムやチーズ、玉ネギ、キノコなどから自分で具の組み合わせが選べるオムレツは、トロトロとしたなめらかな口当たり。具が選べるサンドイッチを目当てに訪れる客も多い。

東京都中央区日本橋蠣殻町2-1-1ロイヤルパークホテル1階／営6時半～22時L.O.、土、日、祝7時～22時L.O.　※ブッフェはランチ：11時半～14時L.O.、ディナー（土、日、祝のみ）：17時半～20時半L.O.／休無休／席計124席／全席禁煙／カード可／予できる／サ10%別／交地下鉄半蔵門線水天宮前駅4番出口より直結

その他のメニュー／ドリンク
朝：朝食ブッフェ3456円
夜：やさい市場～プリフィックスディナー5400円
■ビール：生972円　ワイン：グラス972円～　コーヒー・紅茶756円

【お子様ランチ】

おとなも注文できる“お子様ランチ”

→煙も吐く機関車型プレートで出されたお子様ランチ。おとなでも、ちょっぴり嬉しい（864円）

←1673年創業の日本橋三越本店。昭和初期の様子

→昭和10年に建てられた日本橋三越本店。東京都選定歴史的建造物にも選ばれている

日本橋 三越本店 カフェ&レストラン「ランドマーク」

東京都中央区日本橋室町1-4-1／☎03-3241-3831／休不定休

〝日本橋三越発祥の名物〟と館内のレストランのメニューにも書かれているのが、『お子様ランチ』だ（昭和5年に登場した時の名称は「御子様洋食」）。〝おとなも頼めますか?〟と、店のスタッフに尋ねると、「一度に多くの料理をお楽しみいただけますし、それほど量は食べられないというおとなの方もオーダーされますよ」。

期待半分、恥ずかしさ半分で注文すると、しばらくしてチキンライスや海老フライなど、お子様が好きそうなおかずを乗せた赤い〝機関車〟のプレートが運ばれてきた。ドライアイスがついていて、それを汽車の煙突部分に入れると、もくもくと煙を吐き出し始めた。さらにスタッフが一言。

「これで出発できますよ。行ってらっしゃいませ〜」

お好みで〝皿盛り〟でも注文できます、念のため。

Part 6

各国料理・B級グルメ

中華、エスニック、うどん、ラーメンなど

日本橋にはさまざまな国やジャンルの
極上レストランが集まっています。
本格チャイニーズから、鉄板焼や極旨麺処など、
さまざまなお好みに応えられる名店をご案内します。

※日本橋エリアの「大マップ」はP8～9をご確認ください

チーズフォンデュ（ゴルゴンゾーラ）2550円

2

黒毛和牛の鉄板焼 1250円／50g（100gから50g単位で注文可）

1

3

1.噛むたびに肉の旨みが口いっぱいに広がる技アリの品。甘みある野菜類も美味　2.ゴルゴンゾーラの濃厚な味が後を引き、ワインが進む。トッピングの野菜はプラス300円　3.さまざまな料理が作られる鉄板が目の前のカウンターは、この店の特等席。テーブル席からの眺めもよい

大マップ C-4

Hàru dining

ハル ダイニング

鉄板焼

03-6231-1720

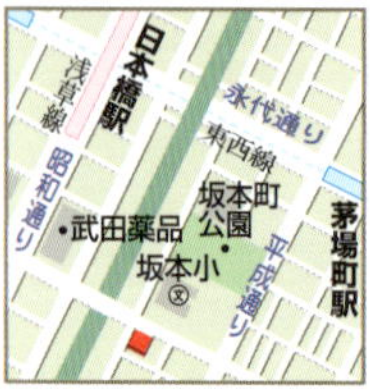

桜の眺めも抜群のお値打ち鉄板焼店

日本橋から続く「さくら通り」沿いにあるダイニング。フレンチやホテルの鉄板焼部門での経験を持つシェフが、気軽に鉄板焼を楽しんでもらおうと腕を振るう。肉汁の旨みを逃さぬよう、工夫した「黒毛和牛の鉄板焼」(100gより50g単位で注文可、50gで1250円）をはじめ、随所に技が光るメニュー揃い。鉄板が目の前のカウンター席で、華麗なる技と桜を楽しみたい。

東京都中央区日本橋兜町17-1 1階／営11時～14時半（14時L.O.）、17時半～23時（フード22時L.O.、ドリンク22時半L.O.）、土17時半～23時／休日、祝／席計19席／カード可／全席禁煙／予できる／サお通し代300円別／交地下鉄日比谷線、東西線茅場町駅12番出口より徒歩5分

その他のメニュー／ドリンク

夜：生ハムのサラダ950円、エリンギ茸のガーリックバター650円など　■ビール：生500円　焼酎：グラス500円　ワイン：グラス500円～、ボトル2900円～

2

3

1

1.おまかせで一皿ずつ供される鉄板小皿。人気の黒毛和牛1500円～、フォアグラ大根580円、天使の海老480円など。好きなところでオーダーをストップできる。ほかに、鉄板小皿3種やスープ、鮮魚のカルパッチョ、和牛サーロインステーキ、ガーリックライス焼きおにぎり茶漬けなどが付く「おきまりコース」（4800円～）も　2.目の前の鉄板で焼いてもらえるカウンター席　3.スタイリッシュなテーブル席。接待に使える個室もある

鉄板焼

鉄板焼 二平 日本橋人形町

てっぱんやき にへい にほんばしにんぎょうちょう

大マップ D-3

小皿で供する〝鉄板懐石〟

串揚げで有名な『串亭』が手掛ける鉄板焼き専門店。種類豊富に楽しめる「おまかせ」は、380円から580円の小皿の鉄板料理がバランスよく出され、お腹がいっぱいになったところでストップと伝えるという新しいシステムだ。旬の食材をはじめとしたおすすめの食材が常時15-20種。シェフによる多彩なソースを使ったアレンジが秀逸で、ひと味違った鉄板焼きを楽しむことができる。

03-5614-5990

東京都中央区日本橋人形町1-12-11 リガーレ日本橋人形町2階／営11時～14時半L.O.、17時～22時L.O.、土･日･祝11時～14時半L.O.、17時～22時L.O.／休無休／席半個室小上がり8席ほか　計38席／昼のみ禁煙席あり／カード可／予可／サなし／交地下鉄半蔵門線水天宮前駅8番出口から徒歩1分

その他のメニュー／ドリンク

昼：シェフのおすすめランチ1000円　夜：おきまりコース4800円～7500円　■ビール：生グラス600円　焼酎：グラス500円～　ワイン：グラス700円～　日本酒：グラス650円～

おしながき
（写真はすべて1人前）
・お通し ビーフシチュー
・オードブル
魚介のマリネ オレンジソース
・ロブスターの黄金焼
・USフィレ肉120g
・焼野菜　・サラダ
・食事／ご飯／味噌汁／お新香
・デザート／ごまアイス
・コーヒー

オードブルはタコ、エビ、マグロ赤身、ムール貝のマリネ。ロブスターの身は一口大に切ってあるので食べやすい。USフィレ肉のソースは左から、ごまマスタード、おろしポン酢、ピリ辛のアメリカンソースの3種類。1700円追加で和牛に変更できる。写真の白いご飯の他、ガーリックライス、焼きそば、じゃこライスを選ぶことも可能

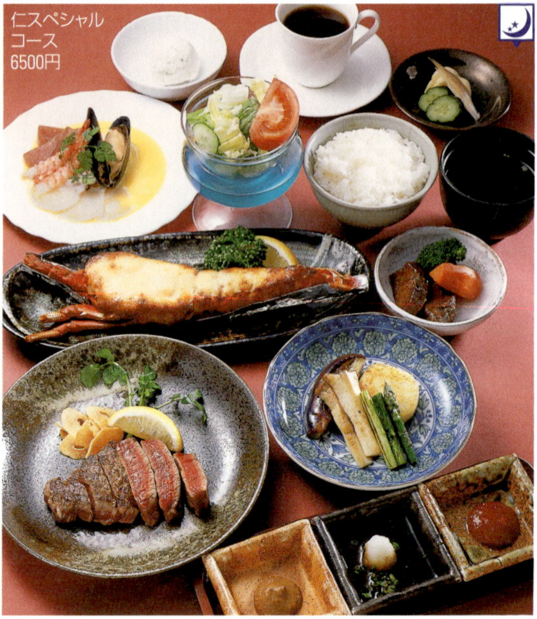

大マップ D-3

鉄板焼レストラン 仁

てっぱんやきれすとらん じん

鉄板焼

家族の笑顔と旨い料理に心が和む

「下町らしく気取らず、気軽に。でも素材のよさと味はホテルに負けない」と誇らしげに言うオーナーシェフの大畠《おおばたけ》稔《とし》夫《お》さん。ここは家族経営のアットホームな雰囲気で、旨いステーキが食べられると評判の一軒だ。夜のコースは3種類。「仁スペシャルコース」（6500円）は、名物の「ロブスターの黄金焼」、絶妙な火加減で焼き上げた「USフィレ肉」など全9品の豪華な内容。

☎ 03-5644-0855

東京都中央区日本橋人形町1-1-15／営11時〜14時、17時半〜22時（21時L.O.）／休日、祝／席カウンター8席、テーブル2席×3卓＋4席×2卓　計22席／禁煙席なし／カード可／予予約が望ましい／サなし、コース以外はお通し代315円別／交地下鉄日比谷線人形町駅A2出口から徒歩3分

その他のメニュー／ドリンク
昼：鉄板焼おすすめランチ1300円　夜：殻付帆立貝1400円、牛カルビ焼2200円など
■ビール：生650円、中瓶680円　ワイン：グラス赤白650円、ボトル3000円〜

2

1

1.2.薬膳鍋のコースは昼夜問わず、注文が可能。Aコースの茸はタモギ茸、Bコースは当日のおすすめ茸、Cコースはアガリクス茸となる（具材は季節によって内容が変更になることがある）。約40種類ある単品の具は324円〜

中華

天香回味

テンシャンフェイウェイ

大マップ B-3

☎ 03-5255-7255

数十種類の天然植物エキスを抽出した鍋

二色の薬膳鍋ブームの火付け役ともなった店。発汗と漢方生薬の作用でカラダの内と外からポッカポカ。美肌効果もあるとファンも多い。この店の通は「食べに行く」とは言わず「飲みに行く」という。なぜなら、バラエティ豊かな具材はもちろんだが、秘伝の薬膳スープをたっぷりと頂くからだ。やみつきになること必至だ。

東京都中央区日本橋室町1-13-1／営11時半〜15時半（14時半L.O.）、17時〜22時半（21時10分L.O.）／休年末年始／席計162席／カード可／予できる／サ夜のみ5%別／交地下鉄銀座線、半蔵門線三越前駅A4出口から徒歩1分

その他のメニュー／ドリンク

昼：点心セット1000円　昼夜：薬膳鍋コースは他に「Bコース」5378円、「Cコース」6458円　■ビール：生グラス594円　ワイン：グラス540円〜、ボトル2160円〜　日本酒：540円〜

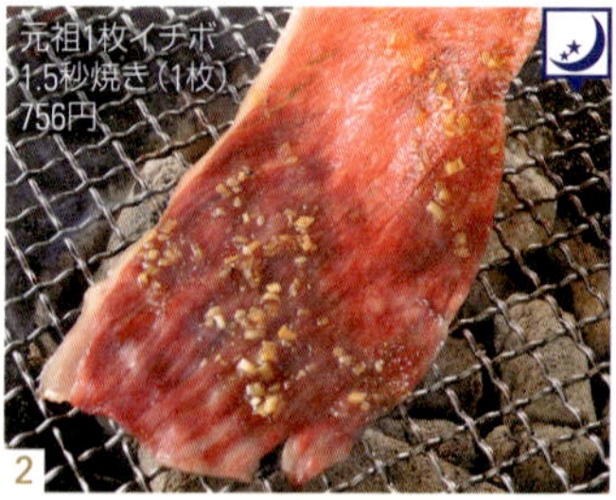

1.1人前約180ｇとボリュームも満点だ　2.適度にサシが入りジューシー。さっと炙って生卵につけていただけば、風味豊かな甘みが口いっぱいに広がる　3.牛スジをじっくり煮込んだスープは奥深いコクを味わえる。自家製の合わせ味噌でストレートな辛さを演出

大マップ D-2

赤身専門焼肉 にくがとう

焼肉

あかみせんもんやきにく にくがとう

03-3668-2910

極上の赤身肉を味わいつくす

A5ランクの黒毛和牛を中心に、モモやランプなどの厳選した赤身部位を仕入れている。甘みのあるイチボは極薄切りにして、生卵と共にいただく。力強い風味のランプ肉を使った「和牛A5赤身ロック」（1620円）は自家製のニンニクバター醤油ダレで漬け焼きする。全国の農家をめぐって探し歩いたという、無農薬野菜を使ったサラダやキムチも堪能したい。

東京都中央区日本橋堀留町1-6-7／営17時～23時L.O.、日は17時～22時L.O.／休月／席カウンター8席、テーブル4席×4卓、16名用個室1室　計40席／禁煙席なし／カード可／予できる／サなし／交地下鉄日比谷線、都営浅草線人形町駅A5出口から徒歩5分

その他のメニュー／ドリンク

夜：厚切り特上タン塩1728円、和牛トモ三角の3秒焼き1620円、にくがとうのランプ1296円など
■ビール：生562円　焼酎：グラス518円～　ワイン：グラス540円～　日本酒：グラス594円～

1 カブリつきステーキ丼 980円

3 雌牛肉厚ロース食べ比べ 2678円

2 Big リブロース 1922円

1.濃厚なコクの〝カブリ〟という部位を、贅沢に180g使用。醤油ベースの自家製タレが、ご飯と相性抜群だ。毎日15食限定　2.ロースターからはみ出さんばかりの肉は約280gというボリューム　3.1人前で、合計約350gもある。どれも厚切りにすることで、肉汁をとじこめジューシーな焼き上がりに

焼肉

高屋敷肉店

たかやしきにくてん

大マップ B-4

食肉卸直営の〝ロース〟専門店

食肉卸直営のため、上質な牛肉をリーズナブルに味わえるのが自慢。使用するのはA4ランクの雌牛で、背部分のいわゆる〝ロース〟が中心だ。カルビなどの腹部分の肉をあえてメニューにのせないのは、赤身からあふれる牛肉本来の風味やコクを感じてほしいから。毎朝市場から届く新鮮なホルモン類も自慢の一品だ。

03-3527-9362

東京都中央区日本橋3-8-10 島崎ビル1階／営11時半～13時L.O.、17時～23時半（フード22時半、ドリンク23時L.O.）、土17時～23時（フード22時、ドリンク22時半L.O.）／休日、祝／席テーブル2席×2卓ほか計38席／禁煙席なし／カード可／予できる／サなし／交地下鉄銀座線、東西線日本橋駅B1出口から徒歩3分

その他のメニュー／ドリンク

夜：3秒炙りザブトン1274円、みすじ1058円、やみつき旨辛牛スジ734円、親父の味付ガツ518円など　■ビール：生421円　焼酎：グラス529円　ワイン：グラス529円　日本酒：1合529円～

人形町コース 3500円（注文は3人前から。2日前までに要予約）

2

黒毛和牛ステーキと野菜焼き（人形町コースの1品）

1

1.サシが細やかにはいった極上のサーロイン。前沢牛や但馬牛、神戸牛など高級ブランド肉を使用している　2.コースでは、極上の黒毛和牛や築地から届く海鮮の鉄板焼きを、種類豊富に味わえる

大マップ D-3

江戸もんjya《えどもんじゃ》

もんじゃ焼き

鉄板の上で美味が弾ける!

2014年7月にオープンした創作もんじゃの専門店。イタリアンや中華などのテイストをとりいれた、新感覚のもんじゃを楽しめる。イチオシは「パエリアもんじゃ」(1480円)。リゾット専用米を加えることで、食感にアクセントを与えている。もんじゃと共に看板を張るのが鉄板焼きだ。築地から毎日届く新鮮な魚介や、黒毛和牛のサーロインをリーズナブルな価格で味わえる。

03-3668-0016

東京都中央区日本橋人形町1-19-3 2階／営17時～翌3時（翌2時L.O.）／休日、祝／席カウンター3席、テーブル4席×3卓、5席×1卓、6席×1卓　計26席／禁煙席なし／カード可／予できる／サなし／交地下鉄日比谷線、都営浅草線人形町駅A6出口から徒歩1分

その他のメニュー／ドリンク

夜：イカスミもんじゃ1280円、クラムチャウダーもんじゃ1180円など　■ビール：生550円　焼酎：グラス500円～　ワイン：グラス480円　日本酒：300mℓ瓶750円～

2

1

3

1.まず鴨の脂身のブロックで脂を出し、切り身と長ネギを焼く。コショウで味付けし最後は醤油とレモンをかけて味わう　2.ゴマ油をたっぷり引いて焼くのがポイント。アサリの塩味が口の中いっぱいに広がる　3.座敷で食すお好み焼きは風情抜群だ

お好み焼き

松浪《まつなみ》

大マップ E-2

03-3666-7773

古き良き昭和のたたずまいでいただく下町の味わい

1951年の創業から60余年。古き良き昭和の空気を感じさせる黒塀造りが、人形町という小粋な街並みに馴染む。座敷でいただくランチは個数限定の「松浪弁当」(1000円)が評判だ。焼魚や煮物、玉子焼きといった、家庭料理風の安心感のある味わいで、あっという間に売り切れる。オリジナリティ溢れるお好み焼きと新鮮素材の鉄板焼きで、一献傾ける夜の部もまたオツである。

東京都中央区日本橋人形町2-25-6／営11時半～14時（ランチはお弁当のみ）、17時～22時（21時半L.O.）、祝17時～22時（21時半L.O.）／休日、祝／席テーブル7席×6卓（うち1卓個室）　計42席／カード不可／予可／サなし／交地下鉄日比谷線、都営浅草線人形町駅A3出口から徒歩2分

その他のメニュー／ドリンク

夜：お好み焼き、鉄板焼きメニューがそれぞれ16種類。芳町やき850円、浪花やき900円、やきそば750円　■日本酒：松浪本醸造500mℓ、1750円

かき揚げかけうどん
800円
2

肉とろたま 950円
1

1.讃岐の定番である〝釜玉〟うどんに、とろろと甘辛く煮た牛肉をあわせた一杯。ダシ醤油のほのかな甘みも絶妙なバランス　2.弾力ある麺とイリコを効かせたダシを、シンプルに堪能。野菜のかき揚げも絶品だ

大マップ E-3

本場手打讃岐うどん 谷や

ほんばてうちさぬきうどん たにや

うどん

03-5695-3060

本場の製法を追求した行列の人気店

自ら〝馬鹿〟を称するうどん好きの店主のこだわりがあふれる店。うどんへの情熱と、お客へのサービス精神も旺盛で、それがそのまま表れたような味とでもいうべきか。コシがあって甘みさえ感じる麺と、旨みがほどよくまわったつゆは抜群だ。ぶっかけ、ざる、釜揚げ、釜玉、醤油などいろいろなスタイルで楽しむ本場・讃岐の味に、行列が絶えない人気店だ。

東京都中央区日本橋人形町2-15-17 1階／営11時～15時、18時～22時半L.O.※麺が無くなり次第／休不定休／席カウンター16席、テーブル5席×2卓、8席×1卓　計34席／全席禁煙／カード不可／予できない／サなし／交地下鉄半蔵門線水天宮前駅7番出口から徒歩1分

その他のメニュー／ドリンク

昼夜：ぶっかけ600円、かけカレー750円、釜玉 野菜天1000円など　■ビール：生グラス500円、中瓶500円　焼酎：グラス500円～　日本酒：1合700円～

2 かけ 480円

1 温玉肉 温ぶっかけうどん 780円

1.牛肉のコクが汁と一体となり、うどんの味わいを一層膨らませている。秋冬限定の麺
2.黄金色に輝くツユは、すべて飲み干したくなるほどの美味しさ。温かい麺は、ふんわりとした優しい弾力を楽しめる

うどん

ちょうさ

大マップ E-1

03-3662-5330

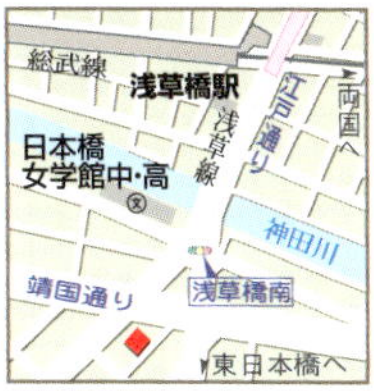

素朴でしみじみ旨い1杯に出会える店

香川県観音寺《かんおんじ》市出身の職人が生み出すのは、シンプルながらもしみじみ旨い地元の味。特にこだわるのは、瀬戸内・伊吹島産のイリコからとるダシで、素朴ながらも上品な味わいを醸し出す。2種類の国産小麦粉を独自にブレンドした、もっちりとしたコシのある太いうどんは、伸びやかで喉ごしも抜群。シンプルな「かけうどん」をすすれば、しっかりとその実力が舌に伝わってくるだろう。

東京都中央区日本橋馬喰町1-12-11／営11時半～16時／休土、日、祝（第1、第3土は営業）／席カウンター2席ほか 計17席／全席禁煙／カード不可／予できない／サなし／交JR総武快速線馬喰町駅C1番出口からすぐ

その他のメニュー／ドリンク

昼：海老餅うどん750円、煮豚と半熟卵うどん700円、ぶっかけ480円、わかめうどん630円、肉うどん700円、釜玉うどん550円、ごぼう天100円、野菜天100円、ちくわ天100円など
■ビール：缶350円

手作りギョーザ 400円

2

手作りシュウマイ 300円

3

特製ワンタン麺 800円

1

1.モチモチのワンタンが旨い。肉厚のチャーシューも秀逸。昼はご飯が付く　2.カリッと焼けた皮が香ばしい。シュウマイとともにファンが多い。ビールのお供として注文する人も多い　3.肉がぎっしり詰まってジューシーな仕上がり。リピーターが多い一品

大マップ E-3

らーめん 佐々舟

らーめん ささふね

ラーメン

03-3664-1117

酒の肴に最適な「お手頃400円メニュー」

甘酒横丁から少し入った路地にある〝町の中華そば屋〟。不思議な落着きと、懐かしさを醸し出す醤油ラーメン（700円）は、○○系、○○麺といった上っ面の流行やジャンルとは無縁の素朴な味わいだ。レアな焼酎（500円～）と一品料理を追加して、ここで一杯やるもよし、白飯をあわせて空腹を満たすもよし。近所にあったらうれしいお店とはこういう店のことをいう。

東京都中央区日本橋人形町2-22-6／営11時～14時、18時～23時L.O.、祝は12時～20時L.O.／休日（祝は不定休）／席計12席／昼は全席禁煙／カード不可／交地下鉄日比谷線人形町駅A1出口より徒歩5分

その他のメニュー／ドリンク

昼：日替わり丼セットスープ付き700円、ミニラーメン付き800円など　夜：ラーメン（塩・醤油・味噌）各700円、坦々つけ麺800円、特製佐々舟ギョーザ400円など　■ビール：生450円　焼酎：500円～

ロットバーガー 1620円

100%ビーフパティにチェダーチーズ2枚、ベーコン、ベイクドパイナップル、フライドエッグなどを重ねた人気メニュー。4種類のソースから味を選ぶことができる

ハンバーガー

BROZERS'

ブラザーズ

大マップ E-2

03-3639-5201

コクのあるマヨネーズと特製ソースが決め手

オーストラリアで修業をしたオーナーが開いたハンバーガーショップ。人気の「ロットバーガー」(1620円)には、100%ビーフパティ、フレッシュ野菜、ベイクドパイナップルなど8種類の具材のほか、味の決め手となる特製ソースやコクのあるマヨネーズがたっぷり。一度食べると忘れられなくなるほどの旨さだ。付け合わせとして、フライドポテトが添えられている。

東京都中央区日本橋人形町2-28-5 1階／営11時～21時半L.O.、金・土・祝前日11時～22時半L.O.、日・祝11時～19時半L.O.／休月(祝の場合は翌火休)／席計29席／禁煙席なし／予17時以降可／交地下鉄日比谷線、都営浅草線人形町駅A3出口から徒歩5分

その他のメニュー／ドリンク

昼夜：ハンバーガー1080円、ベーコンエッグバーガー1350円、アボカドチーズバーガー1404円、シーザーサラダ（s）432円　■ビール：生648円、ワイン：グラス734円

日本橋はビルの谷間に全国のアンテナショップあり

三重テラス
伊勢うどん 500円
↑たまり醤油ベースのツユで食す。写真は100円追加で卵黄をトッピング

にほんばし島根館
トマトケチャップ（小）569円
↗ひかわ食品加工の手作りトマトケチャップ。出雲市産トマトを使用

おいでませ山口館
いわし唐揚げちぎり 240円

←旨みの濃いさつま揚げ。煮物などに使うほか、そのままで酒肴になる

三重テラス
☎03-5542-1033

日本橋ふくしま館 MIDETTE
☎03-6262-3977

日本橋ふくしま館 MIDETTE《みでつて》 利き酒セット 500円
↑3種類の福島の地酒が楽しめる（16時〜）。200円のおつまみセットも人気だ

奈良まほろば館
☎03-3516-3931

ブリッジにいがた
☎03-3243-2840

にほんばし島根館
☎03-5201-3310

埼玉県アンテナショップ日本橋店
☎03-3270-3963

おいでませ山口館
☎03-3231-1863

富士の国 やまなし館
☎03-3241-3776

全国各地の美味を日本橋で堪能

日本橋名物のひとつに、全国のアンテナショップがある。都心に居ながらにして、各地の名産品が手に入るのだ。中でも「三重テラス」や「ふくしま館MIDE《みで》TTE《つて》」では飲食スペースを併設。週末ともなれば、ご当地グルメのファンが行列するほどの人気だ。地ワインや地酒も充実しており、都内ではなかなか手に入らない希少酒が入荷することも多いとか。こまめにスタッフに尋ねてみよう。

Part 7

周辺エリアの実力店

和食、うなぎ、居酒屋、焼肉など

京橋、八重洲、八丁堀、新川……、
日本橋の近隣エリアにある満足店をご紹介します。
江戸や明治、昭和の懐しい雰囲気を残す街から、
東京駅前の繁華街まで、周辺グルメも実力抜群です。

※日本橋エリアの「大マップ」はP8～9をご確認ください

2

幕末会席 3800円（土曜日限定30食・要予約）

1

1.胡麻酢和えの内容はエビ、鶏肉、シイタケ、キュウリ、クラゲ。鯛兜煮は頭を縦に二つに割り、濃いめの煮汁でこってりと煮詰める。鶏肉にシイタケ、三つ葉と玉子を蒸し焼きにした宝楽蒸し玉子は甘めの味付けで、付け合わせの味生姜がアクセントになる。これで1人前。大満足の量だ 2.このほか、楓《かえで》、桜、梅、あやめ、萩と計5室のゆったりくつろげる個室がある

大マップ B-4

割烹 嶋村

かっぽう しまむら

和食

03-3271-9963

老舗の粋を3800円で満喫

創業嘉永３（1850）年、現・店主の加藤さんで８代目の老舗が、創業当時の料理を現代風に洗練して再現。通常、夜のコースは6480円からだが、土曜のみ出している「幕末会席」は全８品で3800円とお得だ。具の旨みが噛むほどに広がる前菜の「胡麻酢和え」、卵の黄身だけで溶いた衣で、エビをふわっと上品に揚げた天ぷら「金ぷら」など、江戸情緒溢れる美味が揃う。

東京都中央区八重洲1-8-6／営11時半～14時、16時半～22時半（22時L.O.）、土11時半～14時、16時半～21時半（21時L.O.）／休日、祝／席カウンター7席、個室5室ほか　計72席／喫煙席あり／カード可／予できる／サ個室のみ10%別／交JR山手線ほか東京駅八重洲中央口から徒歩1分

その他のメニュー／ドリンク

昼：若鶏一口揚重1000円、錦丼1100円　夜：花コース6480円　■ビール：生中669円　ワイン：グラス864円～　焼酎：グラス864円～　日本酒：一合648円

2

1

3

1.1週間かけて塩漬けにした豚バラは余分な水分が抜け、旨みが凝縮。白菜が持つ甘みとも良く合う　2.開いた油揚げに、田楽味噌をベースに、ネギ、ニラ、鶏のそぼろを合わせた特製味噌を塗り、チーズ、ベーコン、大葉、マッシュルームをトッピング。この店の人気メニュー　3.天井が高くシンプルな店内

和食

和食処 徳竹

わしょくどころ　とくたけ

大マップ E-5

☎ 03-3551-2633

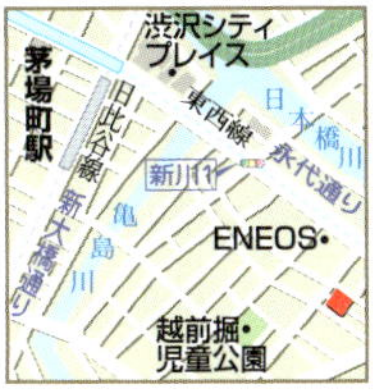

旬の魚菜にひと手間を惜しまず

カウンター内の明るい板場で、きびきびと立ち働く店主の徳竹さん。扱う食材は、紀州の農家から届く里芋、大根など季節野菜が中心で、旬にこだわる。また、塩漬けにした豚バラで作る「豚と白菜の柚子鍋」、昆布を利かせた出汁を含ませた大根を、さっとゴマ油で焼いた「焼き大根」、特製の味噌が決め手の「油揚げのピザ」など、そのひと手間が食べ手の心をくすぐる。

東京都中央区新川1-25-1／営18時～22時L.O.／休日、祝／席カウンター7席、テーブル4席×2卓ほか　計20席／全席禁煙／カード可／予するのが望ましい／サなし、お通し代500円別／交地下鉄日比谷線、東西線茅場町駅3番出口から徒歩8分

その他のメニュー／ドリンク

夜：刺身盛り合わせ1080円～、レバーペースト972円　■ビール：生グラス702円　焼酎：グラス367円～　ワイン：グラス648円～　日本酒：一合723円

2

3

1

1.ふっくらとした鰻にまろやかな半熟卵が絡み、絶妙なバランス　2.奥久慈卵ならではの濃厚なコクと旨みが存分に楽しめる　3.東京駅の八重洲北口にほど近い店は2階建ての瀟洒な佇まい。個室も多く、大人数で行ってもくつろげる

大マップ B-4

うなぎ はし本《うなぎ はしもと》

うなぎ

☎ 03-3271-4720

しっかりしたタレが調和を生む

創業65年の鰻の老舗店。きれいな水質で育てられた国産鰻にこだわっており、ランチで人気の鰻丼にも上質なものを使用している。また卵は地鶏の中でも超特選と評される「奥久慈卵」を使用。黄金色の黄身は箸でそのまま掴めるほどだ。長年熟成を重ねた鰻ダレに、一番ダシと玉子焼きのタレをブレンドした自家製ソースは奥深い味わいで、常連客から不動の人気を誇っている。

東京都中央区八重洲1-5-10／営11時～14時45分L.O.、17時～21時半L.O.、土11時半～15時／休日、祝／席4席×3卓、個室6部屋ほか　計60席／喫煙席あり／カード可／予夜のみ予約できる／サなし、夜のみお通し代300円別／交地下鉄銀座線、東西線日本橋駅A7出口から徒歩2分

その他のメニュー／ドリンク

鰻丼2160円、鰻重い（一匹）3564円、鯉こく756円　■ビール：生小540円～　焼酎：グラス540円～　ワイン：ボトル4320円～　日本酒：120㎖グラス540円～

2

1.季節や仕入れにより、内容は変わる。予約時に好みを聞かれるので、たとえば野菜中心など要望がある場合は伝えたい。天ぷらは、食べるタイミングに合わせて1種類ずつ提供される。「松コース」は、車海老と車海老の頭、きす、帆立、穴子が定番で、それに加えて旬の野菜などが数品付く。その他、ご飯、赤出し、漬物、果物付き　2.店を構えて19年。初代の技と心意気を継ぐ2代目が揚げる。英語OKなので、外国人客も多い

1　松コース 2800円

天ぷら

てんぷら 小野

てんぷら おの

大マップ C-5

☎ 03-3552-4600

素材の味が生きた江戸前天ぷらに心躍る

長い階段を上がって3階へ。扉を開けると、食欲を誘う油のいい香りが漂う。ここは、カウンターのみの正統的な江戸前天ぷらの店だ。昼のコースは3種類あり、写真は約10品が楽しめる「松コース」(2800円)。綿実油6割、特製胡麻油4割の油で揚げる天ぷらは、サクッと軽やかで素材の味が生かされている。塩は世界各地から150種類ほど取り寄せ、季節に合ったものを提案している。

東京都中央区八丁堀2-15-5 第5三神ビル3階／営11時半～14時（13時L.O.)、17時半～22時（21時L.O.)／休土、日、祝、月の昼／席カウンター11席　計11席／全席禁煙／カード可／予要予約／サ夜のみ10％別／交地下鉄日比谷線八丁堀駅A5出口から徒歩1分

その他のメニュー／ドリンク

昼：竹コース3800円、梅コース7000円　夜：コース12960円～
■ビール：中瓶850円～　焼酎：グラス700円～、ボトル4000円～　ワイン：グラス1000円～、ボトル7000円～　日本酒：1合1000円～

1.三陸沖でとれた脂ののった鯖で〆加減も絶妙　2.近海でとれたアジを使用。焼けばにじみ出る脂がたまらない　3.ツユは鯖節と昆布でダシをとるので、コクのある味わいが楽しめる。仕込みに3時間ほどかかる、手間ひまかけたひと皿

大マップ B-3

通人の酒席 ふくべ

つうじんのしゅせき ふくべ

居酒屋

☎ 03-3271-6065
03-3271-9748

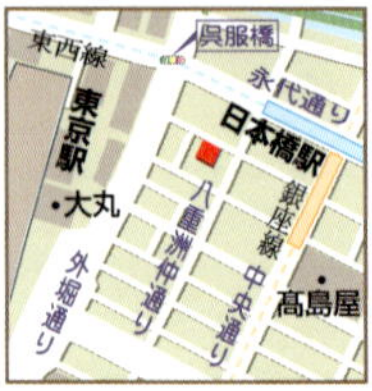

歴史を感じさせる粋な酒場

酒はきっかり正一合を、お客の目の前で量って瓶から徳利に注ぎ入れる。それが初代から受け継ぎ、今も守り抜く主人の作法。日本各地の地酒を常時40種類以上揃えている。北海道から九州までまんべんなく扱うのは、故郷を思い出してもらえたらという主人の心遣い。「うちは料理屋ではなく居酒屋。できるだけ安く飲んでもらいたい」。1964年築の店内のレトロな雰囲気も魅力。

東京都中央区八重洲1-4-5／営16時半～22時15分L.O.、土16時半～21時15分L.O.／休第2・4土、日、祝／席テーブル2席×2卓、カウンター10席ほか　計30席／喫煙席あり／カード不可／予できる／サなし／交地下鉄銀座線、東西線日本橋駅A7出口から徒歩1分

その他のメニュー／ドリンク

夜：くさや648円、かます干物972円、島らっきょう378円、ぬた648円　■ビール：小瓶486円　日本酒：一合540円～　梅酒：グラス594円

1.京都の白みそと青森の銘酒「豊盃」の酒粕をブレンドしたものに、脂がのった魚を漬け込んだ逸品 2.毎朝市場で仕入れているので、新鮮な魚の旨さを思う存分堪能できる。店自慢の盛り合わせだ 3.やわらかくジューシーなだし巻き玉子は、大人気の定番メニュー

居酒屋

水喜《みずき》

大マップ B-4

03-3241-1234

自慢は朝採れ鮮魚の「刺身盛り合わせ」

海老、ふぐ、タコ、カレイなどの鮮魚・活魚を取り扱っている仲卸「水祥」(川崎南部市場）の直営店。メニューは刺身や揚げ物、煮物から麺類までレパートリーが広い。自慢は、市場に並んだ朝採れの鮮魚を、板長の見立てで贅沢に盛り込んだ「刺身盛り合わせ」で、1人前1200円から用意している。ボリュームがあってコストパフォーマンスが高いと評判で、ほとんどの客が注文する。

東京都中央区八重洲1-6-2八重洲一丁目ビル地下1階／営17時～翌2時、土17時～22時／休日／席テーブル2席×9卓、3席×2卓、5席×1卓、6席×3卓、8席×2卓　計63席／喫煙できる／カード可／予できる／サなし／交JR山手線ほか東京駅八重洲北口から徒歩2分

その他のメニュー／ドリンク

夜：水喜サラダ1200円、北海道産ホッケのひらき990円
■ビール：グラス500円～　焼酎：グラス500円～　ワイン：グラス500円～　日本酒：1合800円～

1.ささみ、団子、もも肉、皮身の4本がのる。タレの染みたご飯も旨い。13時以降は「3本丼」（1050円）も注文できる　2.旨み豊かな特製鶏スープのお茶漬けは、夜限定の人気メニュー。薄くそいだ胸肉がのる　3.レトロな風情があふれる2階の座敷席

大マップ B-4

伊勢廣 京橋本店

いせひろ きょうばしほんてん

焼き鳥

03-3281-5864

鶏肉の旨さを知り尽くした老舗

充分な日数をかけて育てられた鶏肉を使用。大正10年に鶏肉店として創業し、昭和８年に焼き鳥専門店となって以来、妥協のない品質と技で愛され続けている。戦後から継ぎ足して使い続けているタレや、フレーク状の塩が、鶏肉の旨さを最大限に引き出す。つなぎを一切使わない団子（つくね）、太く上質なネギをモモ肉で巻いた葱巻などを堪能したい。

東京都中央区京橋1-5-4／営11時半～14時、16時半～21時、土11時半～14時、16時半～20時半／休日、祝／席〈1階〉カウンター7席ほか〈2階〉座敷3席×1卓ほか 計69席／喫煙席あり／カード可／予できる／サなし／交地下鉄銀座線京橋駅7番出口から徒歩2分

その他のメニュー／ドリンク

昼：5本丼1850円　夜：焼き鳥フルコース6480円　■ビール：小瓶525円　焼酎：二合2100円　ワイン：カラフェ1620円　日本酒：1080円

2

1

1.山梨で育った国産鶏を、伝統のタレと静岡の天然塩で焼き上げる。より鶏の旨みが凝縮すると、焼きにはロースターを使用。歯ごたえ抜群の焼き鳥、柔らかなつくねなどは、スッキリとした後口の秘伝のタレでいただく　2.創業当時から味を守り続けているという人気の丼。椎茸やタケノコが入ったそぼろの下には、香り高い海苔が敷き詰められる。6時間以上煮込んでとる、濃厚な鶏スープとの相性も抜群

焼き鳥

京橋 都鳥

きょうばし みやこどり

大マップ B-4

03-3245-1378

宮内庁御用達の伝統の焼き鳥

京橋で64年、のれんを守り続けている店。創業当時から継ぎ足しで使っているタレは、鶏肉の旨みを損なわない爽やかな配合。鶏本来の味を楽しんでほしいという思いから、「唐揚」(900円)、「鳥さつま揚げ」(800円) など、素材の滋味を最大限に引き出した一品料理を提供している。ボリューム満点のランチのほか、鶏スープを使ったラーメン (1000円) も人気だ。

東京都中央区京橋1-4-10／営11時半～14時、17時～22時／休土、日、祝／席カウンター6席、個室8席×1卓ほか　計36席／喫煙席あり／カード可／予ランチコースと夜は予約できる／サなし、お通し代400円別／交地下鉄銀座線京橋駅7番出口から徒歩3分

その他のメニュー／ドリンク

昼：鳥重1000円、唐揚ライス1300円　夜：鴨スープ鍋1600円、鳥スキ鍋1500円　■ビール：生中650円　焼酎：グラス700円～　ワイン：ボトル5000円～　日本酒：1合700円～

ハンバーグ丼 1080円
2

エビの津々井風
1728円
3

タンシチュー 2160円
1

1.4時間半煮込んで仕上げるタンシチュー。濃厚なデミグラスソースに負けない存在感がある　2.目玉焼きの下には、厚みがあって柔らかいハンバーグ。濃厚なソースとまろやかな玉子がよく絡む　3.素揚げした食パンをくりぬき、炒めた海老とタルタルソース、エダムチーズをかけ焼き上げた

大マップ D-5

新川《しんかわ》 津々井《つつい》

洋食

名物ハンバーグ丼は数限定のランチメニュー

この地で65年の歴史を持つ洋食店。２代目の越田健夫さんは、ホテルオークラでフレンチを学んだ。平日ランチタイムのみの「ハンバーグ丼」（1080円）や「和風ハンバーグ丼」（1080円）は、フライパンで肉の表面を軽く焼いた後、低温のオーブンで１時間以上かけて焼き上げる。各限定20食だが、一度食べる価値はある。遠方からわざわざ来る客がいるのも納得できる美味しさだ。

☎ 03-3551-4759

東京都中央区新川1-7-11／営11時～13時半L.O.、17時～21時L.O.、土11時～13時L.O.、17時～19時半L.O.／休日、祝／席2席×5卓、4席×2卓ほか　計38席／昼のみ全席禁煙／カード不可／予夜のみ予約できる／サなし／交地下鉄日比谷線、東西線茅場町駅3番出口から徒歩4分

その他のメニュー／ドリンク

昼：ハムオムライス1080円
夜：トロトロオムライス（カニ）2160円　■ビール：中瓶594円　ワイン：ボトル2160円～　焼酎：ボトル2808円　日本酒：一合594円

館山産イセエビ入り房総ペスカトーレのリングイネ
1684円

1.イセエビの他にもムール貝、ホタテ、アサリ、タコなどの具材が盛りだくさん。それぞれの魚介の旨みをパスタがしっかりと吸いこんでいる 2.カジュアルながらも落ち着いた雰囲気の店内

イタリアン

ボッソ 八重洲

ボッソ やえす

大マップ B-4

03-3527-9474

房総食材の魅力を表現するイタリアン

房総から直送される新鮮な食材をふんだんに使用したイタリアン。肉や魚介、野菜を焼き上げる石窯料理が看板メニューだ。どれもシンプルな味付けだが、食材の持つ滋味が最大限に引き出されている。サクサク、モチモチとした食感が特徴の自家製生地に、房総産のハーブや具材をのせて焼き上げるピッツァも人気。豪快ながらも洗練された料理の数々を堪能したい。

東京都中央区八重洲1-4-16八重仲ダイニング地下1階／営11時(土は11時半〜)〜15時(14時半L.O.)、17時半〜23時(22時L.O.)／休日、祝／席カウンター6席ほか 計50席／夜のみ喫煙できる／カード可／予夜のみ予約できる／サなし／交地下鉄銀座線、東西線日本橋駅A7出口から徒歩2分

その他のメニュー／ドリンク

昼夜：ピッツァマルゲリータ1285円、銚子産イワシとキャベツのペペロンチーノスパゲティ1285円など ■ビール：生583円 ワイン：グラス540円〜、ボトル2797円〜

1.バターライスに合鴨肉のスライスとフォアグラをのせた贅沢メニュー　2.挽き肉にアップルジュースやダシなどを入れ、ふっくらした仕上がりに　3.信州などの契約農家直送の葉野菜にサラミなど4種類のプロシュートを加えたサラダ

大マップ C-5

Beer&wine厨房 tamaya 八丁堀《びあ&わいんちゅうぼう たまや はっちょうぼり》

バル BAR

03-3523-1886

本格料理の数々と多彩なワインに酔う

浅草の老舗『レストラン大宮』出身のシェフが作る料理と、ホテル西洋銀座で腕を振るったソムリエによる厳選ワインで、もてなしてくれる。メニューは王道の洋食から本格フレンチまで幅広く、どれも思わず唸るほどの旨さ。ボリュームも十分で、メインでも2000円以下という良心価格が嬉しい。ワインは約1000種類。グラスでも泡・白・赤を含めて20〜30種類を用意。

東京都中央区八丁堀3-14-2 東八重洲シティービル1階／営11時半〜14時L.O.、17時〜23時L.O.、金11時〜14時L.O.、17時〜翌2時L.O.、土17時〜23時L.O.／休日、祝／席カウンター6席ほか　計66席／喫煙席あり／カード可／予できる／サなし／交地下鉄日比谷線八丁堀駅A5出口から徒歩3分

その他のメニュー／ドリンク

夜：田舎風パテ890円、具だくさんナポリタン1250円　■ビール：グラス500円　焼酎：グラス500円〜　ワイン：グラス500円〜　日本酒：ショット500円〜

2
自家製ソーセージ
1480円

3
北海道産ホタテ貝と有機野菜のサラダ
950円

1
手打ちパスタ 茄子と卵入りラザーニャ
1450円

1.和牛すね肉のボロネーゼ、有機ナス、スライスしたゆで卵が入ったラザーニャ　2.付け合わせはシャキシャキした赤キャベツの酢漬けと粒マスタード　3.半生に焼き上げたホタテと、ロメインレタスやホウレン草など有機野菜のサラダ。赤ワインヴィネガーなどのドレッシングでさっぱりと

BAR バル

Maru 3階《まる さんかい》

大マップ C-5

☎ 03-3552-4400

人気立ち飲み屋の3階本格料理と酒で至福の時間を

酒販店一体型立ち飲みの草分け的存在「Maru」。旬の無農薬野菜をはじめ、SPFポークや完全天日塩、産地指定の魚介類など、食材にこだわっている。メニューは鉄板焼きをはじめ、ジャンルにしばられず、酒に合うものばかり。なかでも人気は「自家製ソーセージ」(1480円)。トリッパや豚タンがごろごろ入り、肉の旨みとほどよくスパイスが利いて、赤ワインと絶妙の相性だ。

東京都中央区八丁堀3-22-10 3階／営17時～23時（フード22時L.O.）／休日、祝、第2･4土／席カウンター16席ほか 計46席／喫煙席あり／カード可／予予約するのが望ましい／サなし、席料350円別／交地下鉄日比谷線、JR京葉線八丁堀駅B1出口からすぐ

その他のメニュー／ドリンク

夜：仔牛のカツレツ ルッコラのせ1450円、フランス産鴨の炭火焼き1850円　■ビール：生グラス500円　ワイン：グラス950円～　ボトル3000円～

ハンバーグ180g デミグラスソース 1000円
+トッピング目玉焼き100円

1

2 ハンバーグ130g
洋風おろしソース 900円

1.定番のデミグラスソースは、ほろ苦くコクのある味わい。水を加えて蒸したハンバーグは、柔らかいながらも歯ごたえがある　2.ほかにトマト、ガーリック、マスタードソースなどがある

大マップ B-4

鉄板焼き&ワイン grammo 八重洲

鉄板焼

てっぱんやきあんどわいん ぐらんも やえす

ビーフ100%のふっくらハンバーグ

ランチタイムはハンバーグ、ディナーは京風お好み焼きなどの鉄板焼きが名物。店名は「グラム」を意味するイタリア語で、ランチのハンバーグは130g（900円）、180g（1000円）、230g（1100円）の３種類から選ぶことができる。ソースも常時５種類が用意されており、週に何度も足を運ぶ常連客も多い。ビーフならではの深い旨みが存分に味わえる、絶品ハンバーグを堪能したい。

03-6225-2266

東京都中央区八重洲1-5-10 RISM八重洲ビル2階／営11時半～14時、17時半～23時半／休日、祝／席カウンター11席ほか　計43席／禁煙席なし／夜のみカード可／予夜のみ予約できる／サなし、夜のみお通し代500円別／交地下鉄銀座線、東西線日本橋駅A7出口から徒歩2分

その他のメニュー／ドリンク

夜：豚ぺい焼き690円、全6品のミニコース3000円、海老とブロッコリーのマヨネーズ焼き780円　■ビール：生680円　ワイン：グラス600円

酸辣麺 800円
2

レバ野菜丼 800円（卵黄のせ）
1

1.レバーと野菜でスタミナ満点の「レバ野菜丼」（750円）に、プラス50円で卵黄をのせた。男女問わず人気の一品だ。夜も同じ値段で提供している。2月後半からは、甘みのある新タマネギと新キャベツを使う　2.具は白菜、タマネギ、ニラ、シイタケ、キクラゲ、豚肉、玉子。豚の背骨と鶏ガラからとったスープに、酢やラー油などで味付けした。酸味と辛みのバランスが素晴しい

中華

新川大勝軒飯店《しんかわたいしょうけんはんてん》

大マップ D-4

プリプリのレバーにとろりと黄身が絡む

30種類以上のメニューがすべて1000円以下というお得で旨いという中華店。昼のイチオシメニュー「レバ野菜丼」（750円）は、鮮度抜群の鶏レバーとキャベツ、ニラ、玉ネギを強い火力で炒めてご飯の上へ。一味唐辛子、山椒、豆豉、ゴマ油などが入った醤油ベースのピリ辛ダレでいただく。「卵黄のせ」（プラス50円）にすれば、マイルドなコクが加わり、たまらない美味しさだ。

03-3553-1058

東京都中央区新川1-3-4／営11時～15時L.O.、17時～22時半（22時L.O.）、土11時～14時L.O.／休日、祝／席テーブル4席×8卓　計32席／夜のみ禁煙席なし／カード不可／予夜のみ予約できる／サなし／交地下鉄日比谷線、東西線茅場町駅3番出口から徒歩3分

その他のメニュー／ドリンク

昼：らーめん600円、鳥そば750円、海老玉丼850円　夜：プリプリ海老餃子460円、酢豚700円、かに団子730円　■ビール：生500円　焼酎：グラス350円

1 タン盛り合わせ 1944円

3 ホルモン 842円

2 ハツ 756円

1.根元で柔らかな極タン、カルビのような稀少部位のタンすじ、噛み応えあるタン先の3つの部位を盛り合わせたお得なひと皿　2.シンプルに塩を振り、大きめにスライスしたスタイルで提供。厚切りと薄切りがある。サクッとした食感で、口の中に脂の甘みとコクが広がる　3.とろけるような口当たり

大マップ B-4

炭火焼ホルモン ぐう 本店《すみびやきほるもん ぐう ほんてん》

焼肉

☎ 03-5255-3729

肉の旨みを活かしつけダレなしで食す

東京駅八重洲口からすぐの場所にある、予約必須の人気店。鮮度の良さで勝負しているため、つけダレなしで提供する。そのため各部位の味わいを最大限引き立てるよう、塩、粒胡椒、粉唐辛子、自家製味噌などを使い分けて、下味をつけている。てんこもりの千切りキャベツと味付けされたネギ、2種類のドレッシングが出され、お代わり自由のサービスも大人気だ。

東京都中央区八重洲1-7-3／営17時～翌1時（24時L.O.）、金17時～翌2時（翌1時L.O.）、土17時～24時（23時L.O.）／休日、祝／席カウンター6席、テーブル2席×1卓、6席×2卓　計20席／喫煙席あり／カード可／予できる／サなし／交JR山手線ほか東京駅八重洲北口から徒歩2分

その他のメニュー／ドリンク

夜：ぐうの盛岡冷麺1026円、ハラミ972円、マルチョウ756円

■ビール：生グラス648円　焼酎：グラス648円～　ワイン：グラス594円　日本酒：1合756円～

1.柔らかな赤身の部位を厚切りにカット。青唐辛子や大葉で作る自家製チャツネやワサビでいただく 2.モモ肉を使用。濃厚な旨みが口いっぱいに広がる 3.とろけるような柔らかさと上質な脂の甘みが堪能できる。卵の黄身にトロロを加えた〝とろきみダレ〟が、肉にさらなる彩りを与える

焼肉

焼肉《やきにく》 矢澤《やざわ》

大マップ B-4

目利き、味付け、切り方、焼き方全てにこだわり旨さを引き出す

業界屈指の精肉卸ヤザワミートの直営店。シンガポールで開業し、〝逆輸入〟の形でオープン。産地やブランドを指定せず、抜群の目利きにより仕入れる黒毛和牛を使用。部位ごとに最適な切り方や味付けをし、秒単位にまでこだわる焼き方で、そのポテンシャルを最大限に引き出している。最高クラスの黒毛和牛を贅沢にカットした「サーロインの矢澤焼き」（1944円）は必食の一皿だ。

☎ 03-3242-2914

東京都中央区八重洲1-5-10 トーイン八重洲ビル1階／営17時～24時（23時L.O.）／休無休／席テーブル2席×1卓、3席×1卓、4席×3卓、6席×1卓、4名用個室2室 計31席／全席禁煙／カード可／予できる／サなし／交地下鉄銀座線、東西線日本橋駅A7出口から徒歩2分

その他のメニュー／ドリンク

夜：厚切り極上タン2160円、ハラミ1620円、カルビ1404円、キムチ盛合せ1080円 ■ビール：生702円 焼酎：グラス648円～ ワイン：グラス864円 日本酒：グラス626円～

G T 日本橋 A7

1. すべてサラダ付き。とりもも肉、牛キーマと日替わりで肉系と魚介系の計4種類を提供。ラム肉のほか、カツオも人気だ　2. 昼のみの営業だが、続々と客が訪れる。テイクアウト（サラダ付き）やルウの通信販売も行っている

大マップ D-5

カリーシュダ

インド料理

☎ 03-5541-3188

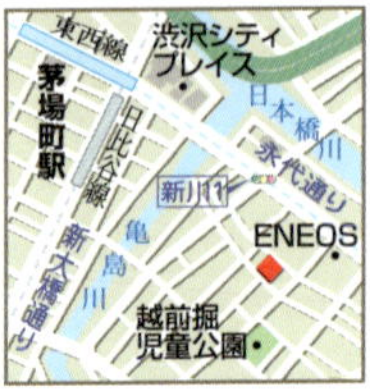

油脂、塩分を控えた身体にやさしいカレー

小麦粉や添加物を使わず、油脂をギリギリまで取り除き、さらに塩分も控えめというこだわりの製法を貫いている。ヘルシーなのに、しみじみと奥深い味わいなのは、豊富な野菜や具材から旨みを存分に抽出し、素材の味を生かしたスープをベースにしているから。身体にやさしいカレーは、開店以来、多くの客に愛され、「二日酔いや風邪予防に効く」と、足繁く通う人も多い。

東京都中央区新川1-9-9／営11時半～13時半L.O.／休土、日、祝／席カウンター　計9席／全席禁煙／予できない／カード不可／サなし／交地下鉄日比谷線、東西線茅場町駅3番出口から徒歩5分

その他のメニュー／ドリンク

昼：カツオのカリー900円（夏期のみ）、シーフードミックスカリー1000円、牛ホホ肉のカリー1000円、牡蠣のカリー1000円（冬期のみ）※いずれも日替わりメニュー
■ビール：瓶（中）500円

タンドリーチキン・ティッカ 420円

2

3

チキン・バリカレー 1080円

1

1.ヒヨコ豆、鶏もも肉、ナス、じゃがいも、ほうれん草など具だくさんで、ご飯との相性もぴったり。玉ネギのソテー、5種類の粉末の香辛料、ホール状のクミンとマスタードを調合している　2.鶏もも肉をヨーグルトスパイスに漬け込んでこんがりとソテー　3.奥行きのある店内

インド料理

新川 デリー

しんかわ デリー

大マップ D-5

☎ 03-3297-8922

玉ネギのコクと甘みがスパイスの個性を生かす

店主の浅野さんは、日本人によるインドカレー専門店の草分け『デリー』に22年間在籍。暖簾分けを許され13年の月日が流れた今も、様々な香辛料の特徴を活かす調理法を守りつつ、独自の工夫を続けている。「カシミール」(970円)は、深いコクと辛さがさざ波のように押し寄せ食欲を増進させる逸品。ジューシーな「タンドリーチキン・ティッカ」(420円)も人気。

東京都中央区新川1-28-35 鳴門ビル1階／営11時～22時／休日、祝／席カウンター7席、テーブル4席×3卓　計19席／全席禁煙／カード不可／予できない／サなし／交地下鉄日比谷線、東西線茅場町駅3番出口から徒歩9分

その他のメニュー／ドリンク

昼夜：デリーカレー870円、インドカレー900円、コルマカレー970円　■ビール：中瓶500円　ワイン：グラス420円～　カラフェ920円　インドのお酒アラック420円

→高速道路に頭上を塞がれた日本橋。現在のものは石造りの2連アーチ橋で、20代目に当たる

船長 中山善《よし》光《みつ》さん

日本橋でおとなの遊び

日本橋川から舟に揺られて東京湾へ

日本橋に〝舟遊び〟が戻ってきた！

２０１１年、日本橋のたもとに『日本橋船着場』が完成した。以来、日本橋川から隅田川方面を巡るクルーズが、競い合うように運航している。なかには予約なしで乗れる船便もあり、日本橋が〝舟巡り〟の新たな中心地となっている。

今回、散歩好きライター**藤倉慎也**（以下、**藤**）と、編集担当の**H**さん（以下、**H**）が乗船したのは、東京湾クルージングが運航する『日本橋クルーズ』。日本橋から日本橋川を下り隅田川へ。東京スカイツリーを臨む絶景ポイントを周遊して、日本橋に戻ってくるコンパクトなコースだ（45分１５００円）。ホームページで運航日を

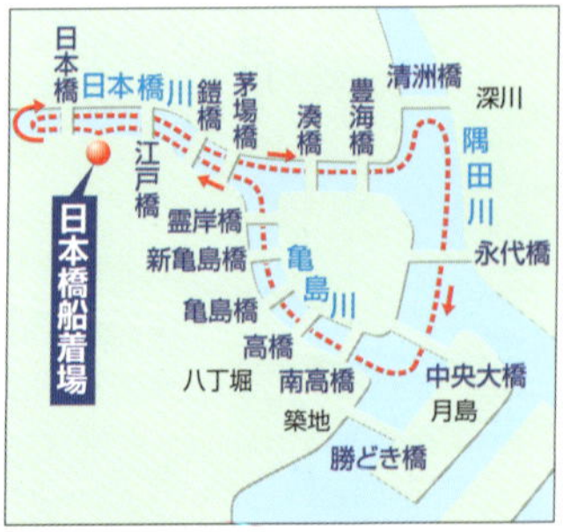

東京湾クルージング

☎03-5679-7311／「日本橋クルーズ」（1500円）は不定期運航で45分。ほかにも神田川クルーズ、夜景クルーズや貸切コースがある

↑隅田川にかかる清洲橋越しに見る東京スカイツリー。クルージング中には船長が観光案内もしてくれる

↑高層マンションが立ち並ぶ月島を望む

←船からお江戸日本橋の裏を覗く

確認、12時の船に予約なしで乗り込んだ。

H「オープンエアで、春の陽気が気持ちいいですね」

藤「これから、東京を代表する15本の橋をくぐるそうですよ。橋の上にいるひとに、手を振ってみようかな」

案内役の船長が解説する。

「まずは日本橋。橋の欄干などには、翼のある4体のキリンや32体ものライオンの像があります。橋の裏側には、関東大震災で火のついた船が流れ着いた時の焼け跡が、いまだに残っているんですよ。普段は見ることができない橋の裏側や、都心の景色を楽しんでください」

首都高速が頭上を走る江戸橋ジャンクションを過ぎ、鎧橋《よろいばし》や茅場橋をくぐってしばらく行くと、頭上の高速道路もなくなり、一気に空が広がった。

藤「東京ならではの絶景です」

船は雄大な流れの隅田川へ。

前方には重要文化財にも指定されるブルーの優美な清洲橋。その向こうに聳《そび》えるのが東京スカイツリーだ。

H「東京は水の都なんですね。船旅がこんなに気軽に楽しめるなんて、贅沢すぎます」

↑売買監理をするマーケットセンターのシリンダー型のガラスは、経済ニュースなどでおなじみ

↑株式投資の疑似体験ができるマーケットエクスペリエンス・コーナー

↓日本の証券市場の歴史資料が展示されている証券資料ホール

金融の中枢を社会科見学

おとなが楽しい東証の投資体験

兜町はいま、15年ぶりの株高に沸いている。その中心にあるのが日本橋川の畔《ほとり》に建つ『東京証券取引所』。実はこちらの見学は無料とのこと。さっそく体験に赴《おもむ》いた。

見学の目玉は、パソコンを使った株式投資の疑似体験ができること。スタッフによれば、

「仮想の1000万円を元手に、架空の株3銘柄に投資をし、利益を出したかを競うものです」

藤 「まあゲームみたいなもんですね。それなら得意だ」

スタッフ 「パソコンの画面には投資銘柄のチャートのほか、取引の途中には経済情報などのニュースが流れますから、それがどの銘柄に

東京証券取引所。2000年にリニューアルされた

東京証券取引所

東京都中央区日本橋兜町2-1／☎050-3377-7254（投資体験コーナー予約受付）／営9時～16時最終入館／休土、日、祝

↑現在、三井住友信託銀行などが入る三井本館は国の重要文化財だ

→証券マンや企業家などが信奉する兜神社

↑日本の銀行発祥の地（第一国立銀行跡）。現在はみずほ銀行兜町支店が建つ

↑威厳あふれる日本銀行

どう影響するのかを考えて、タイミングよく投資判断してください。最後に参加者の順位が発表されます」

いざスタートすると、画面中央には、選んだ銘柄のチャートがせわしなく上下する。そのあいだにもチャイムが鳴り、「日本経済動向」、「為替」などのニュースが流れてくる。

H「情報を読み解くだけで精一杯。投資も瞬発力が大切です」

売買期間は10日間設定で、1日が2分30秒で進む。30分ほどでゲーム終了。結果は、Hさんは散々でしたが、意外にもボクは54万円プラスで18人中第3位。おとなものめり込める面白さでした。

館内にはほかに、証券の歴史資料が展示されたコーナーや、テレビの株式ニュース番組などでよく見る円形の「マーケットセンター」も見学できる。売買はすべてコンピューターで処理されているため、館内は音もなく拍子抜けするくらい静かだが、運が良ければ、経済ニュースのライブ放送が見られるという。

東京証券取引所の周辺には、証券関係者から崇敬《すうけい》される兜《かぶと》神社がある。また明治6年に日本で初の本格的な銀行として開業した「第一国立銀行（現みずほ銀行）」の跡地や、日本銀行、貨幣博物館（現在休館）など、金融の歴史遺産が満載だ。

日本橋で、〝金融体験〟する休日はいかがでしょうか。

↑三味線や太鼓の音に合わせた優雅な踊りに、お座敷も盛り上がる

←芸者さんが踊りなどで使う扇子。色使いなどにも江戸の粋が感じられる

→木箱の上に乗る〝蝶〟と呼ばれる的を、扇で落とすお座敷遊びが投扇興だ

コレドで粋に芸者体験

日本橋の芸者さんとお座敷遊び体験

H「芸者を挙げてお座敷遊びなんて、高値の花。それこそ敷居が高くて、庶民には経験する機会もありません」

という人にオススメなのが、日本橋の芸者さんとの「お座敷遊び」が体験できる『おもてなしエクスペリエンス』。

藤「花柳界としても有名な日本橋人形町の葭町《よしちょう》芸者さんがお相手してくれるそうですよ」

約1時間で、日本の伝統的な〝おもてなし〟が体験できると、外国人観光客にも好評のプログラムなのである。「芸者・イズ・プロフェッショナル・エンターティナー。お座敷遊び・イズ・トラディショナル・コミュニケーション」

スタッフのあいさつの後、「お江戸日本橋」「元禄花見踊り」など芸者さんの踊りが披露され、芸者さんに手ほどきされながら、お座敷遊びが始まる。

新日屋

☎03-5652-5403（予約）／https://www.shinnichiya.com/

橋楽亭

東京都中央区日本橋室町1-5-5コレド室町3 3階／芸者体験コースは毎月第2土曜で、約1時間で5500円

↑屏風に隠れ、3種類のジェスチャーでじゃんけんをするお座敷遊び「とらとら」に会場は大歓声!

↑外国人観光客も多く、芸者さんとの記念写真に笑顔がこぼれる

←扇子を投げて的を落とす「投扇興」にチャレンジ

お客が四つん這いになりトラ、戦士、老母という3種類のジェスチャーをじゃんけんのように使って勝ち負けを競う『とらとら』。こちらは加藤清正版ではなく和藤内《わとうない》版だ。また2人が交互に扇子を投げ合い、的に当てて落とす『投扇興《とうせんきょう》』など、定番のお遊びが続く。ゲームで勝てば手ぬぐいのプレゼント。芸者さんからの、

「負けた方には罰杯《ばっぱい》として、お酒を飲んでいただきます」

のひと言で、会場から大きなどよめきがあがる。次から次へとお客が舞台に上がり、それを三味線と太鼓の音色が盛り上げてくれる。ほかの参加者からは、「うまいなぁ。あのひとは遊び慣れてる」とか、「あのおやじ、また舞台に上がってる」などと、容赦のない声援が飛び、さらに芸者衆からも「お上手、素晴らしいわ」と声がかかって、会場は完全にヒートアップ。

H「お座敷遊びはほんとに楽しいですね。1時間があっという間に過ぎていきました」

この日は、30人近いお客で大盛況。フランスから来たというパリジェンヌも、

「グレートモーメント(いい時間を過ごせたわ)」

日本の伝統的な〝おもてなし〟に満足してくれたようだ。

日本橋の厳選土産

◉カツサンド 1700円

分厚いカツが食べ応え満点

宇《う》田《だ》川《がわ》

分厚い国産豚ヒレ肉を大胆に使用したサンドは、肉汁たっぷりで柔らかな食感が印象的。濃いめのソースがよく馴染み、冷めても美味しい。事前予約を忘れずに。

東京都中央区日本橋本町1-4-15／☎03-3241-4574／休日、祝

栗と銀杏が詰まった贅沢がんも

とうふの双葉

甘酒横丁に店を構える、明治40年創業の名門豆腐店。握りこぶしほどもあるがんもは、人参や昆布が入る生地のなかに栗や銀杏がギッシリと入る。煮込むと倍近くに膨らむ逸品だ。

東京都中央区日本橋人形町2-4-9／☎03-3666-1028／休無休

今半の味がお手軽に楽しめる

人形町今半 惣菜本店

「人形町 今半」が手がける総菜の店。すき焼きコロッケは、割下で煮込んだ黒毛和牛や白滝、長ネギ、玉ねぎなどが入っており、奥深い味わい。ご飯のおかずにもぴったり。

東京都中央区日本橋人形町2-10-3／☎03-3666-1240／休元日

1日30本限定の名品

鳥忠《とりただ》

鳥鶏卵専門店が店頭で一つ一つを丁寧に焼き上げる名物商品。秘伝のダシが決め手の玉子焼きの中に、地鶏挽肉と三つ葉が入っている。売り切れ必至なので、ぜひ事前に予約を。

東京都中央区日本橋人形町2-10-12／☎03-3666-0025／休日、祝

原材料にこだわった、伝統の味

神茂《かんも》

江戸期の元禄元年創業の老舗店。大きなはんぺんが看板商品で、その主な原料となる青鮫《あおざめ》やよし切り鮫は新鮮さにこだわり、宮城の気仙沼漁港などから毎日仕入れている。

東京都中央区日本橋室町1-11-8／☎03-3241-3988／休日、祝

◉**黄金芋**（1個）200円

芋のような風合いの黄金色の餡

寿《ことぶき》堂《どう》

表面をシナモンコーティングし、サツマイモの形に似せた「黄金芋」。中にはインゲン豆に卵黄を加えてつくる黄身餡が入る。ほっくりとして、本物の芋のような風合いだ。

東京都中央区日本橋人形町2-1-4／☎0120-480400／休無休

◉**どら焼き**（大判・左）220円、（小判・右）180円

東京3大どら焼きに数えられる名品

清《せい》寿《じゅ》軒《けん》

皮1枚にあふれるほどのつぶ餡を挟んだ「小判」と、2枚の皮を使う「大判」がある。香ばしく焼き上げた皮と、小豆の粒がしっかり残った手練り餡のバランスが最高だ。

東京都中央区日本橋堀留町1-6-1／☎03-3661-0940／休土、日、祝

久《く》寿《ず》もち
（12切れ入り）890円

きな粉の香り芳しい、江戸の粋

長《なが》門《と》

江戸時代は徳川将軍家に献上していた歴史のある名門和菓子店。「久寿もち」はしっとりとやわらかい生地の餅に、きな粉をたっぷりまぶした看板商品。風味豊かで上品な甘さだ。

東京都中央区日本橋3-1-3／☎03-3271-8966／休日、祝

鯛焼き
（1個）140円

戦前から使う型で一尾ずつ焼く

柳《やなぎ》屋《や》

東京の3大鯛焼きに数えられる柳屋。香ばしく歯ごたえのある生地に、皮がやわらかい北海道産小豆でつくった手作り餡がたっぷり入る。行列を10～30分ほど並ぶ覚悟で。

東京都中央区日本橋人形町2-11-3／☎03-3666-9901／休日、祝

上品な甘さの揚げたて芋けんぴ

日本橋 芋屋金次郎《いもやきんじろう》

芋けんぴに最適なコガネセンガンという種類の芋を使い、店舗内で毎日作られている。仕上げにオリーブオイルを使う製法は日本橋限定。ほっくりと甘く香ばしい味でお茶請けにぴったり。

東京都中央区日本橋室町2-3-1コレド室町2- 1階／☎03-3277-6027／休施設に休みに準ずる

江戸の粋を感じさせる伝統の甘味

榮太樓總本鋪《えいたろうそうほんぽ》 日本橋本店

小豆本来の甘みを活かしたたっぷりの餡を、ごくごく薄い小麦粉の生地で包んでゴマ油を銅版で香ばしく焼いた金鍔。榮太樓の代表とも言えるその味と形は、江戸末期の創業当時のまま。

東京都中央区日本橋1-2-5／☎03-3271-7785／休日、祝

●揚げたて芋けんぴ 500円

●名代 金鍔《きんつば》 226円

●夏みかんのお茶 960円（40g）

●芋羊羹 842円

フレーバー緑茶の新鮮な美味しさ

おちゃらか

大人気のフレーバーティー専門店。そのベストセラー茶は、夏蜜柑《なつみかん》の香りが爽やかな緑茶だ。ホットはもちろん、水出しもおすすめ。澄んだ黄金の色合いと芳しさの両方が楽しめる。

東京都中央区日本橋室町2-2-1コレド室町1 地下1階／☎03-6262-1505／休施設の休みに準ずる

生クリームが隠し味の和洋ミックスの妙

縫月堂《ぬいげつどう》

昭和8年創業の和菓子店の羊羹は、意外にも生クリーム入り。サツマイモの粒をあえて残すことで口どけと風味を同時に楽しめる。写真の1本タイプのほか、少し小さい食べ切りサイズもある。

東京都中央区日本橋人形町2-7-10／☎03-3666-6739／休日、祝（節句・お彼岸を除く）

まろやかな麹《こうじ》の甘さがクセになる

八海山《はつかいさん》 千年こうじや

日本古来の栄養ドリンク・あまさけは、砂糖を一切使用せず、高精白《こうせいはく》の麹による天然の甘みを活かした上品な味。温めても冷やしても旨い。ほかに、酒粕入りのバウムクーヘンも大人気。

東京都中央区日本橋室町2-3-1コレド室町2- 1階／☎03-6262-3188／休施設に休みに準ずる

ちくわとパンの相性がばつぐん!

サンドウィッチパーラー まつむら

大正10年創業。老舗サンドウィッチパーラーの名物「ちくわドッグ」は、ちくわの下に入ったツナとマヨネーズが隠し味。パンとちくわの相性の良さは一度食べると病みつきになるほど。

東京都中央区日本橋人形町1-14-4／☎03-3666-3424／休日、祝

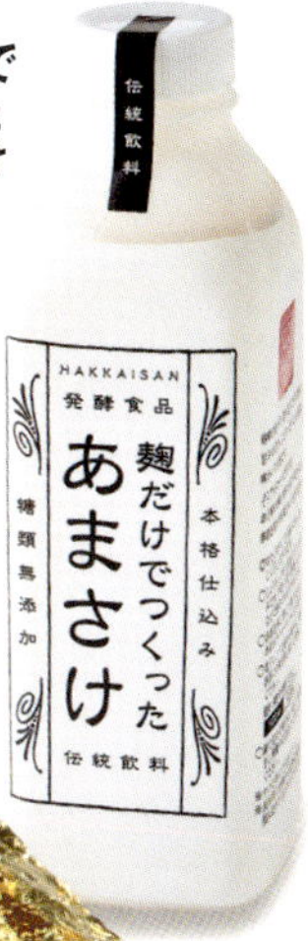

麹だけでつくったあまさけ 864円

ちくわドッグ 165円

チョコレートケーキ 黄金の焼き菓子 1490円

バウムクーヘン 1080円

おもたせに最適な豪華なケーキ

箔《はく》座《ざ》 日本橋

金箔をあしらった豪華なチョコレートケーキ。常温で寝かせておくことで、洋酒の香りがいっそう豊かに。見た目のインパクトと製造日より2ヶ月間という長い賞味期限は、手土産に最適。

東京都中央区日本橋室町2-2-1コレド室町1- 1階／☎03-3273-8941／休施設の休みに準ずる

懐かしい風味の本場ドイツの名品

日本橋高島屋 グマイナー

ドイツ、シュヴァルツヴァルト地方で100年続く老舗洋菓子店の人気商品。バニラが香るバウムはギュギュッと中身の詰まったどっしり重厚な食感で、食べ応えも十分。サイズも豊富だ。

東京都中央区日本橋2-4-1 日本橋高島屋地下1階／☎03-3211-4111／休施設の休みに順ずる

50音順索引

あ

赤身専門焼肉 にくがとう	焼肉	104
伊勢重《いせじゅう》	鍋	28
伊勢廣《いせひろ》 京橋本店	焼き鳥	120
一寛《いつかん》	和食	20
イレール人形町	フレンチ	90
魚久《うおきゅう》 本店	和食	21
うなぎ はし本	うなぎ	116
江戸路	焼き鳥	59
江戸もんjya	もんじゃ焼き	106
おおいし	和食	22
大江戸	うなぎ	46
オールデイダイニング ケシキ	イタリアン	76

か

割烹 嶋村	和食	114
活鰻《かつまん》専門 うな富	うなぎ	47
カフェ シェ・アンドレ ドゥ・サクレクール	フレンチ	91
カリーシュダ	インド料理	130
㐂《き》寿司	寿司	38
京の馳走 はんなりや	和食	16
京橋 都鳥《みやこどり》	焼き鳥	121
㐂代川《きよかわ》	うなぎ	48
紅《く》はし	寿司	75
クラフトビアマーケット 三越前店	ビアバー	78
小春軒	洋食	84
コーヒーショップ シンフォニー	ダイニング	97
ご馳走居酒屋 三船	居酒屋	56

さ

ざくろ 室町店	和食	72
繁乃鮨《しげのすし》	寿司	39
酒喰洲《しゅくず》	居酒屋	58
旬の味 十四郎《とおしろう》	和食	23
新川大勝軒《たいしょうけん》飯店	中華	127
新川 津々井《つつい》	洋食	122
新川 デリー	インド料理	131
地酒と趣肴 風貴《ふうき》	和食	24
地酒処 山葵《わさび》	居酒屋	57
ジビエ&フレンチ Nico《ニコ》	フレンチ	92
寿司貞	寿司	40
鮨芳《すしよし》	寿司	41
炭火焼ホルモン ぐう本店	焼肉	128
そよいち	洋食	85

た

たいめいけん	洋食	86
高屋敷《たかやしき》肉店	焼肉	105
多賀山《たかやま》	和食	17
玉ゐ《たまい》	穴子料理	35
玉ひで	鳥料理	30
代官山ASO《アソ》 チェレステ 日本橋店	イタリアン	77
筑前屋 人形町総本店	焼きとん	63
ちょうさ	うどん	109
通人《つうじん》の酒席 ふくべ	居酒屋	118
鶴屋吉信《つるやよしのぶ》 東京店	和菓子・カフェ	81
鉄板焼き&ワイン grammo《グランモ》 八重洲	鉄板焼	126

PIZZA《ピッツア》 DA《ダ》 BABBO《バッボ》 イタリアン 96
ふうれん 和食 25
FRENCIES《フレンチーズ》 フレンチ 94
BROZERS'《ブラザーズ》 ハンバーガー 111
芳味亭《ほうみてい》 洋食 88
北陸料理 新越《しんえつ》 和食 26
本場手打讃岐うどん 谷や うどん 108
ボッソ 八重洲 イタリアン 123

ま

松江の味 日本橋 皆美《みなみ》 和食 74
松浪《まつなみ》 お好み焼き 107
Maru《マル》 3階 バル 125
水喜《みずき》 居酒屋 119
都寿司 寿司 45
むろまち 鳥や 焼き鳥 62
主水《もんど》 日本橋店 和食 18

や

焼肉 矢澤 焼肉 129
洋食 まつおか 洋食 89
よし梅 和食 27

ら

らーめん 佐々舟《ささふね》 ラーメン 110
利休庵《りきゅうあん》 そば 53

わ

和牛一頭焼肉盛岡手打冷麺 房家《ぼうや》 焼肉 79
和食処 徳竹 和食 115

鉄板焼 二平《にへい》 日本橋人形町 鉄板焼 101
鉄板焼レストラン 仁《じん》 鉄板焼 102
天香回味《テンシャンフエイウエイ》 中華 103
てんぷら 小野 天ぷら 117
てんぷら みかわ 天ぷら 50
トラットリア オルトレ イタリアン 95
TRADITION《トラディシオン》 日本橋 フレンチ 93
とり健 焼き鳥 60
鳥ふじ 鳥料理 32
鳥料理 古今《ここん》 鳥料理 33

な

ニホンバシ イチノイチノイチ 和食 19
日本橋 さくら井 寿司 42
日本橋 墨之栄《すみのえ》 和食 73
日本橋 高嶋家 うなぎ 49
日本橋 天丼 金子半之助 天ぷら 51
日本橋 舟寿し 寿司 43
日本橋 ぼんぼり 鳥料理 34
日本ばし やぶ久 そば 52
日本橋 吉野鮨本店 寿司 44
人形町 今半 鍋 29
人形町 丈参《たけさん》 焼き鳥 61
にんぎょう町 谷崎 洋食・肉料理 87
にんべん日本橋本店／日本橋だし場 だしバー 80

は

Hàru《ハル》 dining《ダイニング》 鉄板焼 100
Beer《ビア》&wine《ワイン》厨房 tamaya《タマヤ》 八丁堀 バル 124

■アートディレクション
岡 孝治

■デザイン
椋本完二郎

■写真
乾 晋也
上枝幹照
菊池敏之
小島 昇
西﨑進也
武藤 誠

■取材
飯田かおる
田中康文
中川知春
永溝はるか
藤倉慎也

■地図作成
スタジオDOUMO

■カバー写真
表1／日本橋、
たいめいけん
表4／日本橋、
日本橋案内所

おとなの週末《しゅうまつ》
SPECIAL EDITION
いま東京《とうきょう》で最《もっと》も刺激的《しげきてき》
日本橋《にほんばし》

2015年5月13日　第1刷発行

「おとなの週末《しゅうまつ》」編

発行者　鈴木 哲
発行所　株式会社 講談社
〒112-8001 東京都文京区音羽2-12-21
電話　編集 03-5395-3806
販売 03-5395-4415
業務 03-5395-3615

印刷所　凸版印刷株式会社
製本所　株式会社国宝社

ISBN978-4-06-219568-3